東海地震、生き残るために

静岡新聞社編

静新新書
014

はじめに

被災現場で○○消防士は、市民と激しい葛藤を経験した。「2人が埋まっている」と私の手、服、襟首までつかみ、現場へ連れて行こうとする。聞けば、5カ所、8人の生き埋めだ。救助者は私1人だ。私は言った。『この体を5等分してくれても結構だ』。

これは、阪神淡路大震災を経験した消防士の手記である（神戸市消防局広報誌「雪」）。阪神淡路大震災の被害規模を凌ぐと想定されている東海地震において、この消防士が直面した悲劇を再び繰り返してはならないと思う。発災直後の超急性期は、公の救助は届かない。下敷きになった人を自分たちの手で救出しなければならない。瓦礫の中でどのようにして人を救い出すか？　救出したけが人の状態をどのように判断するか？　手当てが必要なけが人をどのように搬送するか？　けが人をどこへ連れてゆくべきか？　すべてこのようなことを、人任せにしてはいけない。誰もが自分は助かると思っている。けがをしても、きっと、誰かが助けてくれると思っている。しかし、真に自覚して事前に準備した人のみしか、その道筋を示せないのだと思う。

平成18年6月から11月にかけて4回に渡り、東海地震発災直後の市民との医療連携をどうするか、公開討論を行った。その成果をここに著す。
最善の準備をしてそのときを待つ賢明な静岡県民のために捧ぐ。

執筆者を代表して　青木克憲

目次

第1章　静岡県災害医療救護計画とＤＭＡＴ

聖隷三方原病院救命救急センター長・岡田眞人

　阪神淡路大震災において、医療的に最も問題であったのは〝防ぎ得た外傷死〟の存在である。そのことをふまえて、静岡県では新たな医療救護計画を策定した。その最大のポイントは、これまで被災地内ですべての傷病者を救護するという考え方から、傷病者の状態によっては被災地外の広範な医療施設へシステムとして搬送するという概念を取り入れたことである。

　一般的に災害には自然災害と人為災害があり、人為災害の中でも規模が大きくて、かつ愚かなものは戦争である。しかし、この戦争における医療救護システムは人為的であるが故に計画と訓練が行いやすく、最近ではこのシステムを自然災害に応用するメリットが生まれてきた。今回の静岡県医療救護計画は、国と連携して広域に傷病者を搬送するというこれまでにない計画となった。

(1)東海地震で予想される傷病者数

死者：５９００名

重傷者：１万９０００名（その内重症で手術等の治療が必要な患者は６０００名）

(2)被災地域内での医療

阪神淡路大震災でも、そのほとんどの傷病者は地域内の医療施設で治療を実施されている。東海地震でもほとんどの傷病者は地域の医療施設で治療を受けることになる。その中のごく一部が他の地域に搬送されるだけであり、基本的にはその地域の医療施設か近隣の医療施設で治療を受けることが原則である。

(3)広域医療搬送計画

傷病者の内、広域搬送が必要とされる患者数は24時間以内が４００から６００名、その後の72時間では１３０から１８０名と予測されている。このような多数な傷病者を緊急に搬送するという経験は日本においては経験されていない。そして静岡県だけで解決できる問題でもない。そこで国の防災計画の中でこの問題が検討され、国のシステムとして広域医療搬送計画が防災基本計画に取り上げられることになった。現在では、東海地震だけでなく国内で発生した全ての大規模災害では、国がこの広域医療搬送を発動することとなっている。

(4)広域搬送トリアージ

広域搬送を実施しなくてはならない患者さんは、医学的な判断で決定される。その多くは外傷患者さんで、クラッシュ症候群や重症体幹四肢外傷患者さんである。しかし実際の搬送時間は被災地の病院から受け入れ病院まで３～６時間程度かかることが予測されており、その搬送時間に耐えられることも条件となる。したがって国はこの広域搬送トリアージ基準を設定し、被災地内の医師によって適応基準を満たしたと判断された患者さんだけがその対応となる。

(5)ＳＣＵ（広域搬送拠点）

広域医療搬送計画において基本的な考え方は、傷病者を一人一人ヘリコプターで遠隔地まで搬送するのではなく、ある地点に集結して、そこで大型の航空機にまとめて搭乗して搬送するというものである。これは戦争の時に実施されている方法であり、医学的な効果も高いとされている。その集結地点の原則は飛行場である。そして滑走路の近くに野戦病院的な施設を立ち上げ、集結してくる患者さんの治療を継続しながら、大型航空機の到着を待つということとなる。したがって、待機しながら治療を継続するという意味で、Staging Care Unit（ＳＣＵ）と名付けられている。静岡県は東西に長いために一カ所のＳＣＵだけでは有

広域搬送医療計画

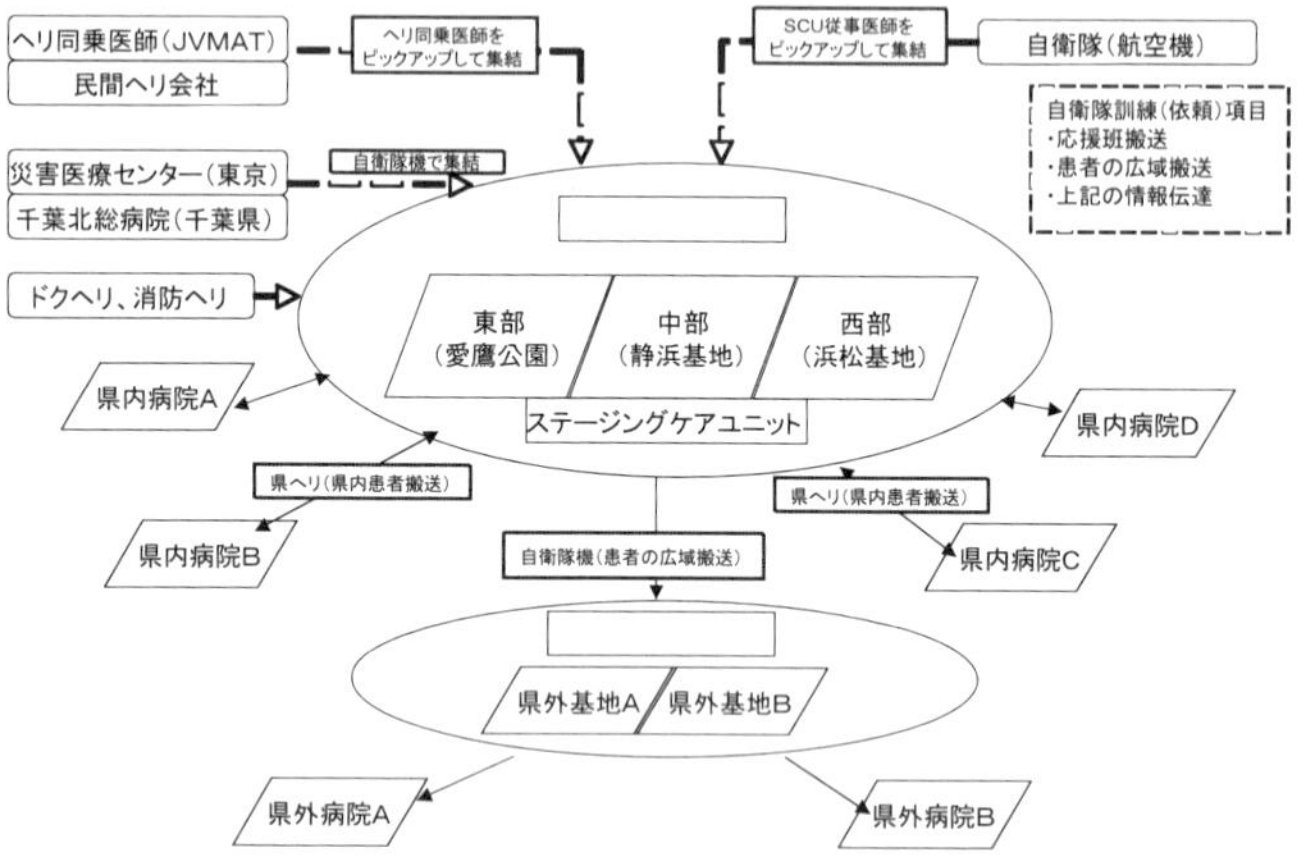

効でないと思われるために、東部・中部・西部地区それぞれにＳＣＵが設置される計画となっている。

(6)静岡県広域搬送医療計画（図）

ＳＣＵ設置場は、東部では愛鷹運動公園、中部は静浜基地、西部は浜松基地となっている。被災地内災害拠点病院やその他の病医院は地域内の防災拠点から小型ヘリコプターなどでＳＣＵに搬送される事になっている。

ＳＣＵで治療と再トリアージを受けた後に、大型航空機で北海道から沖縄まで広域で患者を搬送することになっている。静岡県の役割はＳＣＵ設置まで、それ以後の広域搬送や患者受け入れの業務は国の仕事となっている。

(7) ＤＭＡＴ

ＤＭＡＴとはDisaster Medical Assistance Teamの略であり、厚生労働省が整備を進めている組織である。被災地内の医療機関では押し寄せてくる多数の傷病者の対応で手がいっぱいで、広域搬送などのスタッフを確保することが困難となる。そこで国の広域搬送計画ではあらかじめ訓練受け、必要な装備を持った医療チームを確保することが明記されており、その計画にそって日本全体で約２００カ所の病院が指定され、最終的にはそれぞれが３チームのＤＭＡＴを持つこととなっている。すでに訓練も国立災害医療センターと兵庫県災害医療センターで開始されており、少なくとも各病院で一チームのＤＭＡＴが誕生している。

ＤＭＡＴは医師１名、看護師２名、薬剤師１名、事務員１名が基本である。訓練もチームとして参加をし、終了すると厚生労働省にＤＭＡＴとして登録される。訓練は実技訓練を含めて３日間実施され、大型航空機での搬送訓練も受講することとなっている。さらに毎年行われる国の防災訓練に参加し、自衛隊等との共同訓練を行っている。

ＤＭＡＴの業務はＳＣＵ立ち上げと、その運用、被災地内でのヘリコプター搬送、そして大型航空機による広域搬送である。静岡県内では６カ所の救急救命センターと浜松医大がＤ

MATとして指定されており、大災害時には国の指示により全国に派遣されることになっている。そして県内や近隣で発生した中規模災害（列車事故など）にも県や消防機関の要請で出動する体制が取られている。

第2章　市民との災害医療訓練の必要性について

静岡県立総合病院副院長・安田　清

1．なぜ市民と災害医療訓練を行うのか

東海地震が起きた時、負傷者の命を助けるにはどうしたらいいのか。私達静岡市の医療者は、平成14年から市民との連携訓練を続けてきました。そのなかで「地域の命は地域で助けてください」とお願いしています。どうしてでしょう。普段そうであるように負傷者を助けるのは医療の役目ではないかと思われる方が多いと思います。市民は瓦礫の下からの救出も素人だし、医療も素人です。それなのに私達医療者が「市民が自分の地域の命を守る準備」をし、「診断や応急処置の力をつける」ようにお願いし訓練している理由は「医療だけではやり切れない数の負傷者が出るからです。普段なら死なせないですむ負傷者を助けるためには、市民の力が必要なのです」。それを説明します。

東海地震の時、建物や、情報や、食料・水や電気、交通、避難所のことなど、様々な問題

が出てきます。しかし、命に焦点をあてた捉え方はあまり無いようです。私たちは命に焦点を当てて、必要なら医療の枠を超えてでも対応しようと考えてきました。そのためにはどんなケガが、どれだけ起きるのかを知り、次にそれに対応する力（消防や医療）がどれだけあるのかを知ることが必要です。どんなことが起きるか分からないと、対策は立てられません。古い地震では死者の数くらいしか伝えられていませんが、阪神大震災からはたくさんの情報、教訓が伝えられました。それはみな静岡での東海地震への課題なのです。

2．災害情報の選び方

大地震でどんなことに直面するのか知ることは大切です。

(1)阪神大震災や中越地震からさまざまな貴重な情報が伝えられています。これらの情報を参考にして、東海地震では是非活かしたいものです。しかし、たくさんあるメッセージを整理する必要があります。命を失った話と、助かった後の不自由さの話とは同じではないからです。私の経験を例に取ります。私は阪神大震災で静岡県の医療班第1班として西宮で医療をしてきました。避難所の生活やボランティアの活動、病院の実状など色々なものを見てきました。静岡での参考にしたいことは山ほどありました。地震のときにしなければならないことも分かったつもりでした。でも大きな間違いであることに気づきました。

図１は被災直後の図です。［中心部］は被害がひどく建物が倒れ下敷きになった人は即死しています。建物の耐震化と家具の固定でしか対応はできません。医療は役に立ちません。命の破壊です。中心から離れたところ［周辺部］では、命は無事だった人たちが、情報がない、電話がつながらない、家のドアが開かない、交通が遮断された、ケガをした、火を消さなければ、などの問題に直面します。環境の破壊です。地震から5分、10分後にくる津波も

[図1]

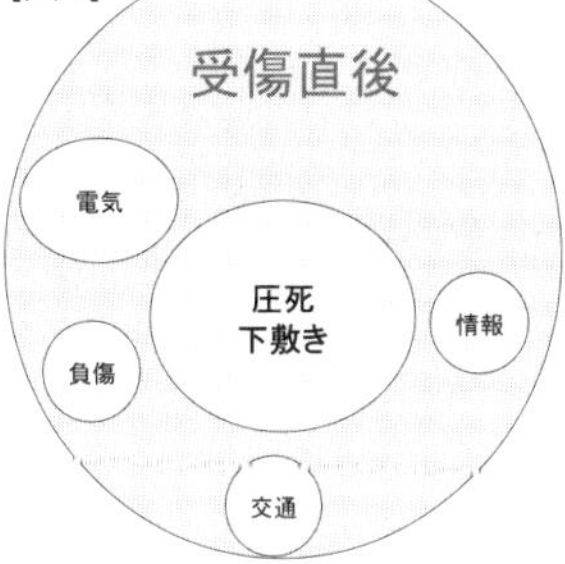

[図2]

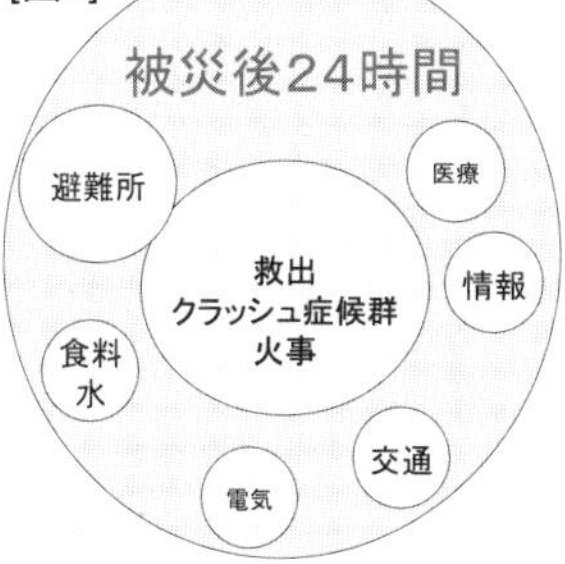

[図3]

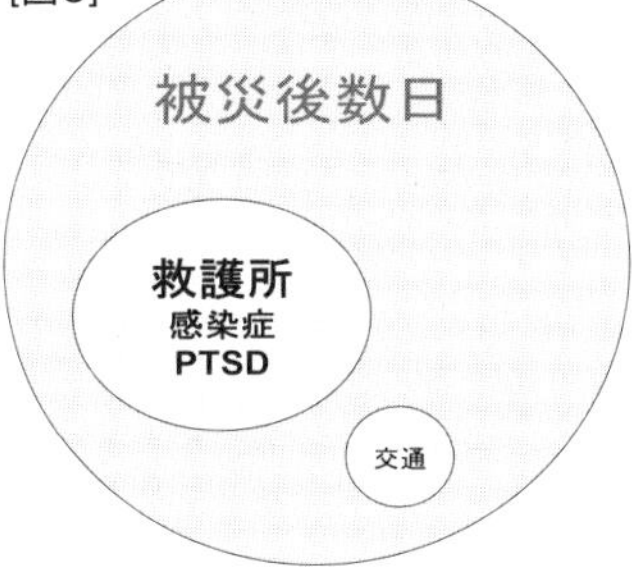

命の問題です。

図2は被災数時間から24時間くらいです。［中心部］では瓦礫の下敷きになっている人を助けようと消防が活動しますが、とても数が足りず、阪神大震災では住民が80％以上の人を救出しました。救急車も足りず近くの人が病院に運んでいます。無事救出されたのに病院に着く前に突然死亡してしまうクラッシュ症候群も報告されています。発災直後の医療です。そのうち火が押し寄せてきます。救出の間に合わなかった人が生きながら焼け死んだ悲惨な報告がいくつもされています。消火の問題です。［周辺部］では住民は避難所に避難し、食料、水、などが不足します。電気がなく電話も繋がりません。避難所の問題です。病院には重傷・軽傷ごちゃ混ぜで１０００人を超す負傷者が押し寄せています。しかし、７割の病院で水が使えず、満足な治療ができませんでした。医療の問題です。自衛隊、他県の消防など外からの援助が少しずつ入ってきます。外からの援助の問題です。

図３は３日目から７日目くらいです。死者、重傷者は病院に収容され、家が倒壊した人は救護所生活です。食料、水の援援物資も入ってきて電気は回復します。救護所では集団生活による、風邪、肺炎などの感染症が流行し、被災によるストレスや、集団生活の不自由さによるＰＴＳＤなどが問題になってきます。救護所の医療です。遺体の処理も問題になります。

ボランティアの活動もこの時期です。その後は仮設住宅の問題、復興と進んでいきます。私が西宮で医療をしたのは、図3の時期3日目から7日目の「周辺部」だったのです。それでも食事している時間も惜しくてテレビを見る時間も無くて、多数の患者さんの診療を行いました。ケガより呼吸器感染症が多くなっていた時期です。被災現場にいるのに目の前のことしか分からない状態でした。地震の被害、援助などは静岡の病院に電話をかけて聞きました。

私は現地で医療活動をし、普段見ない状況を知りかなりショックを受けて帰ってきました。私なりに地震のときに必要な医療を分かったつもりでいました。しかし、被災直後に中心部で活動した医師からは全く違うさらに厳しいお話、例えば呼吸の止まっている患者さんの治療をどこで止めるか。無事救出した直後に死んでいくクラッシュ症候群の患者さんの話や、多数の負傷者がいて重傷者を的確に診れなかった、などのお話も聞きました。

災害を経験しても、それは場所と時間の拡がりのなかの一部分なのです。私が阪神大震災を分かったつもりでいたのは大変な間違いでした。

(2)行政や消防や市民など被災地からのお話は、みな大変貴重なお話です。しかし、上に述べた「どの時期の」、「どの場所の」状況かを考えておくことは大事です。そしてそのどこに対して重点的に対策をとるかだと思います。色々なお話を聞く中で、６０００人もの方が亡くなっているのに、そこからのお話を聞いたことはありません。もちろんお亡くなりになった人は何もお話できないわけですが、残された資料を調べても、肉親が亡くなられた人達は、深い心の傷を負っており、寡黙で、殆どお話してないようです。

神戸にできた「防災未来館」には家族をなくされた方、１００人くらいの方の証言が残っています。彼らも聞き取り調査に同意してお話しているので、公の席で語ることはしていません。

家族を失った人たちは深い心の傷を負って、同じ被害を負っていない人にはいくら話しても分かってもらえないと思っているそうです。これだけ時間が経っても話したくない方が多いそうです。建物が壊れても、避難所で不自由な生活を強いられても、家族が無事だった人たちには分かってもらえないそうです。

被災直後になくなられた方を検死した法医学の医師の話は、悲惨すぎて一般の人にはお話しないそうです。

私達が一番知りたい一番被害の大きかった状況は伝わってこないのです。

3．命が一番大事

地震対策上、最大のことは、生き残ることではないでしょうか。地震対策はこのことに一番の力を注ぐべきではないでしょうか。多少の不自由さはあっても命さえあれば、と思います。

これまでの地震で大量に命を失ってきた原因は、①倒壊した建物の下敷き、②火事、③津波、④そして機能しない広い意味での医療でしょう。過去の東海・東南海・南海地震では津波が最大の死因でした。関東大震災では火事でした。阪神大震災では建物の倒壊でした。でもこれも早朝だったからで、地震の起きた時間が通勤帯と重なっていたら電車や新幹線や高速道路の車を巻き込むなど別な形の災害が起きていたかもしれません。地震は大地の揺れるのは同じでも、起きる場所、時刻、気象などで全く違う災害になり得ます。過去の地震を参考にしながらも、色々なことに対処する準備が必要なのでしょう。

静岡県では東海地震の準備をしています。「ＴＯＵＫＡＩ―倒壊―０」がスローガンです。阪神大震災での被災後2週間までの死者の90％が瞬間死（地震から15分以内の死亡）だったことを考えると当然の方針です。

でもこれが建物だけの話に受け取られています。地震でこわれてから立て直せばいいという言葉を何回か聞きました。地震対策は命の問題なんだということが忘れられています。建物の下に自分と自分の大事な家族が寝ていることを忘れています。神戸大学の法医学教室の上野先生の講演で死体安置所の写真を見せていただきました。一家全員子供までが死亡し検死を受けている写真もありました。火災で燃え尽きて火葬場のお骨のような検死もありました。私は医師ですがショックで言葉がでませんでした。一般の人にはむごすぎるので公開しないそうです。でもそうなんでしょうか。現実に静岡で起きるといわれていることです。しっかり現実を見つめて東海地震に備えなければならないのではないでしょうか。あのような写真を見れば、建物の問題ではない、自分の家族の問題だと誰でもが分かると思うのですが。

建物の耐震化、家具の固定以外に、静岡県ではたくさんの訓練が行われています。水や食料の備蓄、非常持ち出しの用意をすすめられていますし、地域の防災訓練では、起震車体験、炊き出し訓練、三角巾の使い方の訓練、消火器の使い方の訓練、防災備品の点検、避難所の体験訓練、情報伝達訓練などが行われています。これらは前ページの、どの時期の何のための訓練でしょうか。消火以外は命を守るための訓練ではなく、命が助かったあとで必要なことでしょう。

これらの訓練が必要ないといっているのではありません。必要な訓練だが、何のための訓練か、を意識することは大事です。これらの訓練をすることで地震対策ができたと考えるのは危険だと考えます。

地震で一番大事なことは生き残ることです。

そのために一番大切で、有効なことは建物の耐震化と家具の固定です。被災直後の瞬間死には医療は役に立ちません。昭和56年5月以前に建てられた木造建築は耐震補強するしか対応はありません。耐震性がある建物でも家具の転倒は起きるので大きな家具の固定も必要です。これらは命を守るために必要です。

なくなった方の5％が直接死を免れたのに病院に辿り着けず死亡した方です。5％が病院で手当てしたのに亡くなった方です。この方たちを助けるのが医療の役割です。

「普段なら亡くならないはずの負傷者を災害時だからといって失わない」。これが私達医療者の目標です。そのためには、大きな災害では普段と同じ医療はできません。命の問題にしぼって医療を行うことになります。

4．津波について

静岡県では、東海地震による津波は地震が起きてから5～10分で7～10ｍの高さが想定されています。津波のスピードは外海では飛行機並み、湾の中では新幹線並み、陸ではバイク並みのスピードです。しかも波が来るのではなく岩や木が流れてきます。死因は溺死ではなく頭部や体幹部の打撲死です。したがって助かるか死ぬかどちらかになり、津波では医療の対象になるケガは少ないようです。1分2分が生死を分けるので、横に逃げるのではなく、垂直方向に、高い鉄筋の建物に逃げることが大事です。決して海を見に行ってはいけません。津波が想定される地域に住む人は、日ごろから近くて高い建物を意識しておくことが大事でしょう。

5．クラッシュ症候群について

(a)クラッシュ症候群は何故大事か

「クラッシュ症候群」という言葉を聞いたことがありますか。最近あちこちで書いたり話したりしているので聞いたことのある人もいると思います。しかし、どんなことが起きるか正確に理解している人は防災関係者でも医療関係者でも少ないと思います。どんな治療をするかについては医師であっても正しく知っている人は少ないのです。阪神大震災で始めて広く知られるようになり、その経験がＪＲ福知山線脱線事故では活かされました。

建物の下敷きになったとき、頭、胸、腹などの、大事なところを圧迫された人は命が助かりません。手足が挟まれて動けない人は、早く助ければ生きて救出されます。挟まれた手足のせいで命にかかわってくる状態を、クラッシュ症候群といいます。

「クラッシュ症候群」は非常に大事です。東海地震で命を助けるということは「クラッシュ症候群」をしっかり治療するということと同じだとさえ思っています。

なぜ「クラッシュ症候群」はそんなに大事なのでしょうか

①病院に辿り着いた負傷者の中で一番多い死亡原因でした。表１は阪神大震災で入院したケガ人の数です。ケガをした人は圧倒的に骨折が多いのですが、死亡した人は「クラッシュ症候群」が一番多かったのです。しかも電気や水が不自由な中で、あるいは大阪まで運ばれて、あの混乱の中で、70％の人が集中治療を受け最善の治療が行われました。それにもかかわらず死亡した人の数字です。

② 突然死が報告されている

やっと救出し、意識も正常で血圧や呼吸もよく、良かったね、と話をしていた人が突然死亡した、病院に辿り着くまでに死んでしまった方も報告されています。

阪神大震災のときは「クラッシュ症候群」はあまり知られていなかったため何故死んだか

[表1]

阪神大震災ー外因による入院

		臓器損傷	死亡
四肢外傷（骨折475）	740		2
脊柱外傷（脊損29）	376		3
クラッシュ（下肢296）	**372**		**50**
骨盤骨折	301		6
頭部外傷	287	37	11
腹部外傷	281	35	19
胸部外傷	151	63	5
熱傷	44		1
その他	153		78

＊吉岡敏治他：集団災害医療マニュアル、へるす出版、2,000年

分からないままになりました。したがって報告されることもなく、残念ながら何人いたのかさえ分かっていません。阪神大震災から、クラッシュ症候群の診断や治療が詳しく報告された現在、静岡ではこの人たちを1人でも多く助けたいものです。

③救出を急ぐ

2時間以内に瓦礫の下から救出すれば「クラッシュ症候群」は起きないと思われます。普段骨折の手術などで血管を止めて手術しています。2時間までは止めますが「クラッシュ症候群」にはなりません。それ以上は分かりません。3時間なのか、4時間なのか。血流が完全に止

まっているかどうかも影響するのかも知れませんがわかりません。市民の皆さんは2時間以上挟まれていたら「クラッシュ症候群」の可能性があると思って対処してもらったほうがいいと思います。

市民の皆さんに救出を担ってください、少しでも早く救出してくださいとお願いしている理由の一つです。

④ただちに透析できる病院に運ぶ

「クラッシュ症候群」の患者さんは急いで透析できる病院に運ぶ必要があります。救護所では必要な処置は何もできないのです。決して救護所に運んではいけません。しかも救急車はまず来ない状態で道路も寸断されていたら、普段ならなんでもない、病院への搬送はとても困難です。しかし、「クラッシュ症候群」の治療は時間との闘いです。何が何でも負ぶってでも病院に運んできてください。

(b)「クラッシュ症候群」とはなにか（図4）

正常時：血液は心臓から動脈を通って太ももの筋肉に行って、静脈を通って心臓に戻ってきます。正常な状態です。

圧迫時：太ももをはさまれて血流が遮断され筋肉に血が通わなくなります。

[図4]

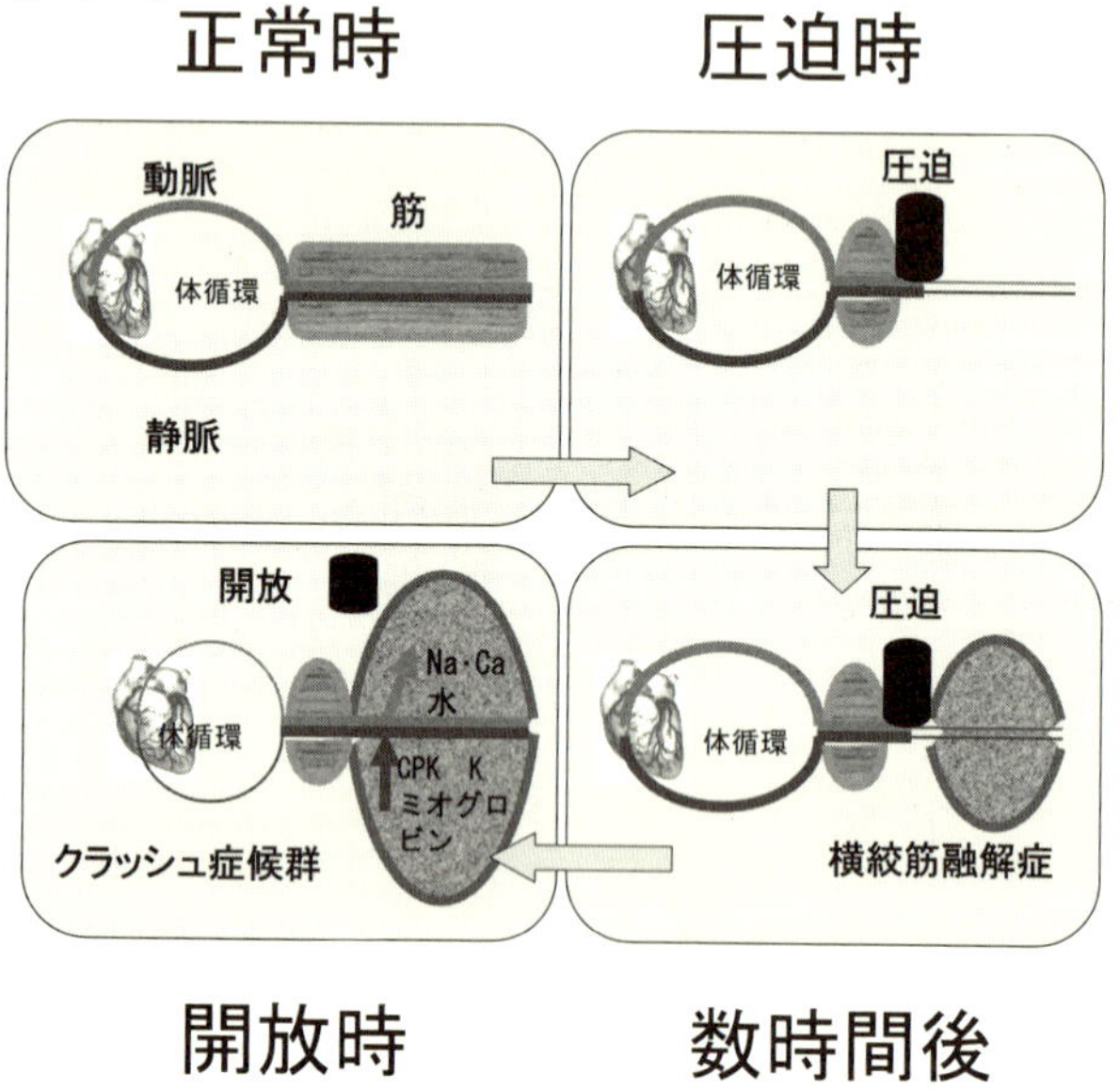

数時間後：時間が経つと筋肉はだめになっていきます。（横紋筋融解症）

開放時：ここで圧迫が解除されます。血流が戻ってきます。すると血液の中の水分が筋肉の細胞の中にたまり、筋肉はどんどん膨れていきます。その分、血管の中の水分が少なくなり、体は脱水状態になり血圧が下がったり、尿が作れなくなる「急性腎不全」になります。

一方、筋肉が壊れてできるミオグロビンやカリウムが静脈を通って体中に回ります。ミオグロビンは赤ワイン色の尿になります。カリウムは高くなると心臓が止まります。救出の後元気だった人が急に心停止し死亡したのは「高カリウム」のせいです。

筋肉に血液がいかなくなったために起きるので、筋肉の量が多ければ多いほど症状は強く出ます。

(c)「クラッシュ症候群」の診断は？

2時間以上挟まれていた、麻痺がある、この二つが揃ったら「クラッシュ症候群」の恐れがあると思ってください。麻痺というのは、長く正座した後のことを思い出してください。つねっても分からないし、動かそうと思っても動かないですね。この麻痺は必ずあります。2時間以上挟まれていた人でも、自分で足を動かすことができれば「クラッシュ症候群」ではないと考えていいですね。下肢だけでなく上肢でも起こります。腕が挟まれれば手や指が動かなくなります。

もちろん、病院で検査をすれば、確定診断ができます。しかし、クラッシュ症候群の患者さんは見た目元気で、意識も正常で呼吸も血圧も脈拍も正常です。疑わなければ検査することになりません。

(d)「クラッシュ症候群」の治療は？

「クラッシュ症候群」で命に関わることは二つあります。一つは脱水によって腎不全になり、尿が作れなくなることです。尿が作れないと体中に老廃物がたまり徐々に命を奪っていきます。脱水の治療には、大量の水分の補給が必要です。瓦礫の下から救出するときから、水を飲ませながら救出してください。医師がいれば点滴しながら助けるのが一番いいのですが、多分皆さんの周りには医師はいません。だから水やお茶をたくさん飲ませてください。できればスポーツドリンクのようにミネラルが入っているものの方がいいでしょう。病院では1時間に500ミリリットルから1リットルくらいの速さで点滴します。急性腎不全は病院に着くまでに死亡することはありません。病院では血液透析が必要です。

命にかかわることのもう一つは、カリウムが高くなって急に心臓が止まることです。カリウムが高くなった場合の治療は、透析するしか方法はありません。一刻を急ぎます。クラッシュ症候群の患者さんは救護所では治療できません。急いで透析できる病院に運んでください。大量の点滴や全身管理が必要なことを考えると、透析専門の病院より総合病院のほうが良いでしょう。

もう一つ有効な方法があります。毒素が体に戻ってくるのを防ぐために、挟まれていたところの上で縛ることです。細い紐ではなくタオルやゴムなどで強く縛って、血流を遮断します。ただこの方法には問題があります。長く縛っているとそのために悪くなる可能性があります。救急車で短時間で病院に着ける普段の時なら縛ったほうがいいでしょう。しかし、地震の時、搬送がすばやくできるかどうか分かりません。私は、病院に近く背負ってでも、リヤカーででも運べる地域には「クラッシュ症候群」をしっかり教えて、縛ることも教えています。少なくとも１時間以内に病院に辿り着ける見込みが無いときは縛らないほうがいいでしょう。

６．県内の消防・救急隊は機能できるか

これまで地震のときどんなことが起きるか書いてきました。ここからはそれに対応する力の話になります。

普段なら、重傷者、いえ、死にそうでなくても、けが人が出れば救急車が来てくれて応急処置をして病院に運んでくれます。生き埋めの人がいればもちろんたくさんの救急隊が来て助けてくれます。火事の消火はもちろん消防の仕事です。したがって、地震の時も消防を頼りにしている人は多いと思います。

阪神大震災ではどうだったのでしょうか。神戸市消防の広報誌「雪」95年3月号のなかに彼らの活動と苦悩が書かれています。是非一度読むことを薦めます。彼らは本当に不眠不休で頑張り、「自分達は精一杯頑張った」と書いています。しかし、彼らが瓦礫の下から救出できたのは全体の数%です。消防に助けを求めても皆出払っており、あきらめて家人や近所の人、通りがかりの人で助けた人が80%以上といわれています。家人を助けられないいらだちから、通りかかった消防に罵声を浴びせ殴ったりしています。実際助けられないまま、火に巻き込まれ焼け死んだ報告も多数あります。

消防が無能だったのでしょうか？　静岡ではどうなのでしょう。旧静岡市を例にとります。表2は左側に旧静岡市の負傷者数、救出が必要な生き埋めの数と建物の焼失数、右側は消防の人数です。どうでしょう。１８００人の消防で２６００人の重傷者の応急処置と搬送をし、３８００人の生き埋めを瓦礫の下から掘り出し、更に2万４０００棟の火事を消すことができるでしょうか。誰が考えても無理でしょう。圧倒的に数が足りません。神戸で消防が機能しなかったはずです。消防でやりきれる数字ではないでしょう。この状況は東海地震の際の静岡でも何も変わってはいません。

でも自衛隊、消防、警察など外からの援助が来るはずです。阪神大震災や、中越地震のと

[表2]

（旧）静岡市のバランス

死者	701人		
重傷者	2、625人	消防・救急	
中等傷	11、977人		470名
生き埋め	3、803人	消防団	
建物大破	15, 853棟		1,300名
火災による建物焼失	24, 156棟		

きを思い出してください。兵庫県や新潟県でさえ半日くらいは被害の大きさを把握できていませんでした。阪神大震災では自衛隊は県知事の要請がなければ動けませんでした。しかし、現在は独自の判断でも出動できるようになりました。大分変わりました。一刻も早く活動して欲しいと思います。それでも突発型の大地震では、情報が不足し、道路が寸断されるなかで、自衛隊、消防、警察の外からの援助は被災後24時間は期待できないと思っていたほうがよいでしょう。

　私は消防には全力で火を止めて欲しいと思います。火は待ったなしです。消防にしかできない仕事です。そうすると瓦礫の下からの救出や負傷者を病院に運ぶのは住民がするしかありません。

地震が収まった直後にケガをしないですんだ人は、力をあわせ、家族や近所の人を助けてください。普段大ケガをした人が、そのまま24時間放置されることは考えられません。内臓破裂や大出血などの重傷者を瓦礫の下に1日置いたままにすれば皆死んでいくでしょう。時間との戦いなのです。瓦礫の下から救出し、病院に運ばなければ、医療は始まらないのです。

また、2時間以内に救出できればクラッシュ症候群にはなりません。

消防には頑張って欲しいです。でも消防でやり切れる仕事量ではないことを知っておく必要があります。これは阪神でも静岡でも変わりません。むしろ静岡のほうが外からの援助が入って来にくい分、厳しいと私は思っています。

7. 医療は、病院は機能できるか

また、旧静岡市のけが人の数と医師会の医師、病院の数を出して説明します（表3）。

地震の時は救護所でトリアージ(後で詳しく説明しますが、負傷者を重傷度で分ける方法です)し、軽傷者は救護所で応急処置をし、重傷者は病院で治療することになっています。

救護所の医療は医師会の医師がつとめます。旧静岡市には地域の救護所が40カ所あります。

表3

（旧）静岡市のバランス

死者	701人	
重傷者	2、625人	総合病院　6病院
中等傷	11、977人	医師会員
生き埋め	3、803人	約300名
建物大破	15，853棟	
火災による建物焼失	24，156棟	

医師会員は約３００人です。単純に計算すると一つの救護所に医師７・５人が集まり、重傷者60人、軽傷者３００人を治療することになります。医師といえども生身の人間です。高齢者も多く実際に機能できるのは半分くらいかなと思います。普段ケガを診ない内科の先生もいます。死んだ人も運ばれてくるし、重傷者も運ばれてくるでしょう。野戦病院状態になります。

市町村に医師の応援を要請しても、隣の町内も、隣の市町村も、事情はみな同じです。応援の医師は来ません。

つぎに、病院はどうでしょう。静岡市の６つの病院で２４００人の重傷者を分けると１病院あたり４００人の重傷者が入院してくることになります。私の勤務する静岡県立総合病院では、普段、1日に25人位の患者さんの手術をするのに朝から夜までかかっています。４００人の重傷者のうち何人が手術を必要とするのでしょうか。病院が全力を尽くしてもやりきれない重い数字です。しかし、重傷者は病院で治療するしかないので総力をあげて治療することになります。病院の医師には病院以外のところを支援する力はありません。

8．では本当に必要なことは何か

ここまで、静岡でどんなことが起きるかを具体的にみてきました。それに阪神大震災で起きたことを参考にして考えてみましょう。

(a)被災直後から病院に辿り着くまでに必要なこと

まず、瓦礫の下から埋まっている人を救出するのは市民がする覚悟を決め、平時の今から準備しておく必要があります。子供とお年寄り以外の動ける人は避難所に行かず、町内で救出作業をして欲しいのです。市民は救出なんかしたことないし、道具も持っていません。その場でやろうとしても十分機能できないでしょう。普段の地域の訓練の際、消防に依頼して方法を教えてもらいましょう。現在救出訓練をしているところも、消防がするのを見学する訓練が多いようです。実際に行う立場になる市民が、技術や自身の安全を確保する方法を知っておく必要があります。その際、パワーシャベルなどの重機が必要になります。災害だけのために重機を備えることはできませんが、町内の何処に重機があるか調べて表にしておくことはできます。そしていざというときのために、町内への協力を依頼しておけば、早く動くことができます。

そして、救護所に運ぶか、病院に運ぶか、簡単なトリアージをして動けない人は負ぶってでも、戸板に乗せてでも、車ででも、とにかく運んでください。救急車を待っていても旧静岡市で動ける救急車は10台しかありません。救急車は来ません。

なんか凄い難しそうと思う人も多いと思います。特別なやり方を覚えるんだと思わず、自分達しか居なければ居る人でやるしかないというのが基本です。そのとき、救出の技術を知っていれば少しでも有効なやりかたができ、助けられる人が増えます。

命に別状ないケガで、応急手当をすればいい人は救護所で手当てしてください。この方法も地域で勉強会をしておきましょう。

消防には消火に全力を費やして欲しい。瓦礫の下からの救出と救護所、病院までの搬送は市民が行う覚悟を決め、準備をしましょう。

(b) 病院に必要なこと

病院の能力を超える負傷者が押し寄せるので、命を優先するために、生命に直結するケガを早く見つけて処置する訓練が必要です。阪神大震災では水が出なくて機能できなかった病院が75％もあったことを考えると、水の準備は2重にも3重にもしておく必要があります。

病院の能力と、負傷者の数を比較すると圧倒的に負傷者の数の方が多いのです。重傷者はライフラインが不自由な被災地内の病院で治療するより、正常な機能をもっている被災地外の病院で治療したほうが助かる確率が高いのです。広域搬送をいかに有効に利用するかは大事なことです。

9．広域搬送とは？

災害時被災地内の病院は職員も不足し、水、電気などのライフラインも不足する状態で、多数の患者が押し寄せてきます。そのなかですぐ手術が必要な負傷者や集中治療が必要な重傷者は被災地の中の病院より、被災していない他県の病院で治療するほうが助かる可能性が高い、というのが阪神大震災からの教訓の一つです。これを広域搬送といいます。

静岡県は全国に先駆けて、平成15年度に広域搬送できる体制を整えました。その後、国が静岡県と同じようなシステムを作り全国何処で災害が起きても広域搬送できるシステムを平成16年に作りました。その後毎年9月1日に訓練を重ねています。

静岡県のシステムを説明します(図5)。

広域搬送が必要な患者さんは県内19の災害拠点病院（表4）からヘリコプターで搬送拠点に運ばれます。搬送拠点は東部が愛鷹公園、中部は自衛隊静浜基地、西部は自衛隊浜松基地です。ここからは自衛隊のジェット機や大型ヘリで全国に運ばれます。災害拠点病院から自衛隊基地まで患者を運ぶのに必要なヘリコプターは、静岡県は事前に民間会社と契約しています。20～40機が、災害後直ちに静岡県に入ってくることになっています。このヘリコプターや自衛隊基地のなかで医療をするチームはＤＭＡＴという医療チームが全国から自衛隊機に乗って集ってきます。今までの訓練で負傷者が、静岡県の災害拠点病院を出てから他県の災害拠点病院に着くまでに早くても5時間くらいかかることが分かりました。それらを考慮し、どんな負傷者を広域搬送するかなども決められました。

10．病院は？

病院が災害医療の中心であることは間違いありません。しかし、阪神大震災からは病院の医療のあり方にたくさんの教訓を得ました。まず、病院もライフラインが低下します。電気

[図5]

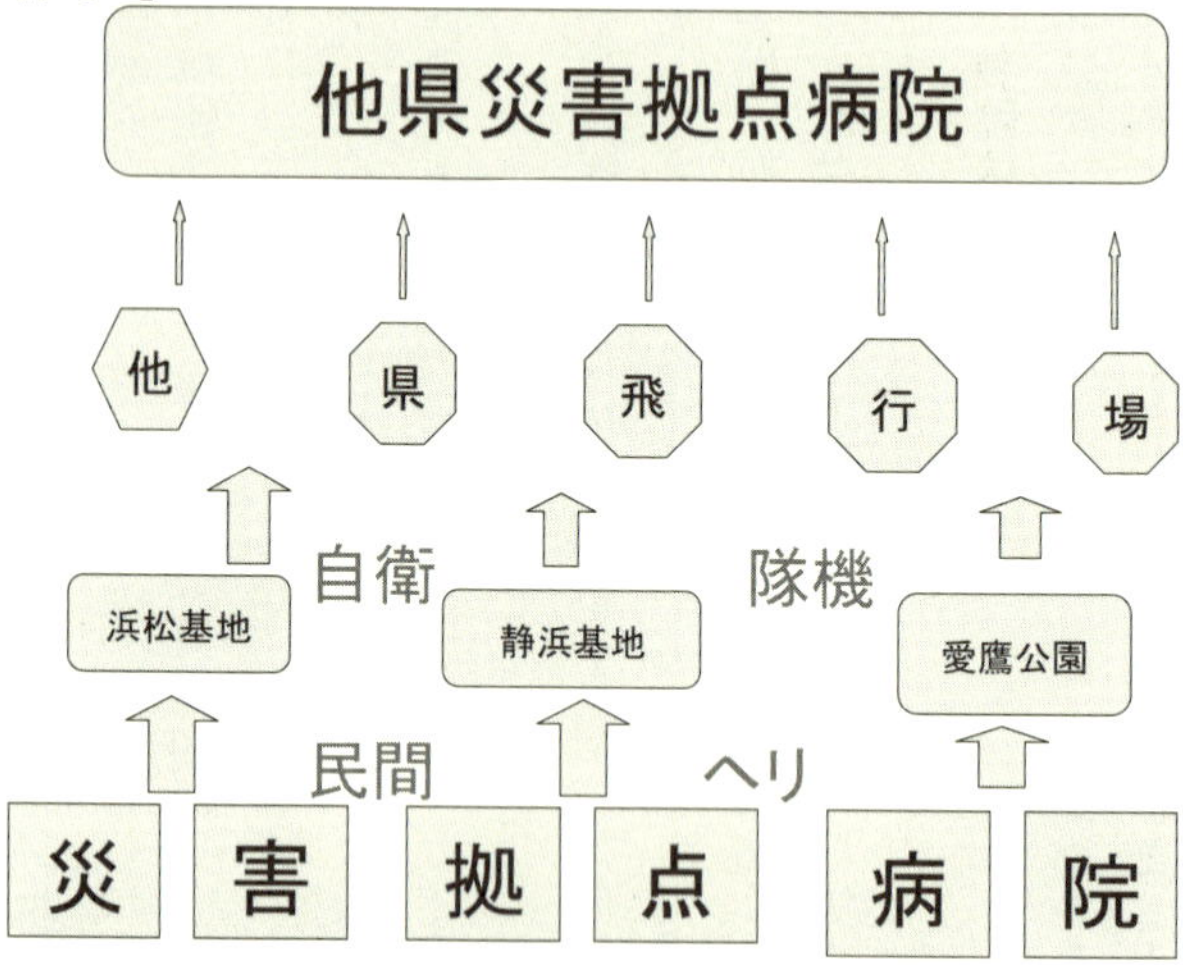

[表4]

災害拠点病院

順天堂伊豆長岡病院	三島市立病院	国立東静病院
沼津市立病院	富士市立中央病院	富士宮市立病院
清水市立病院	静岡済生会総合病院	静岡県立総合病院
静岡赤十字病院	焼津市立総合病院	藤枝市立総合病院
市立島田市民病院	掛川市立総合病院	袋井市立袋井市民病院
磐田市立総合病院	浜松医科大学医学部付属病院	県西部浜松医療センター
聖隷三方原病院		

と水がなければ何もできません。阪神大震災では水がないために機能が落ちた病院が75%もありました。押し寄せる負傷者の数に比べ医師、看護師が圧倒的に足りなくて通常の医療はできませんでした。全ての負傷者を治療するのではなく、治療しなければ死んでしまう人で、なおかつ、治療すれば助かる人の治療に全力を尽くす必要があります。そのためにはトリアージという選別の仕方を使う必要があります。ライフラインが乏しく、スタッフも足りない被災地の病院で手術や集中治療などを行うより、被災地外に広域搬送したほうが重傷者は助かる確率が高いことも分かりました。

　静岡県の災害拠点病院は、それぞれ地震に対応する訓練を実施しています。でも、まだまだ、大地震に太刀打ちできるとはいえません。普段の医療と異なる医療をすることは一人一人の医師としても病院にとっても大変なことなのです。そのうえ軽傷者も皆病院に押しかけたら、そうでなくても機能できるか心配な医療能力は大きく低下します。是非、軽傷者は救護所や市民レベルで応急処置を済ませたいものです。

11．レスキュー・搬送は？

阪神大震災で、倒れた建物の下から救出して、生きて掘り出された人の割合は、1日目8

割、2日目3割、3日目2割、4日目1割という結果が出ています。これをもとに生きて救出するためには48時間以内に掘り出さなければならないと言われています。皆さんはどう思いますか。1日目に生きて救出された人が多かったのは、声がする人から助けていったためでしょうし、1日過ぎると自衛隊、消防、警察など外からの救出が本格化し、住民ではできない建物などのレスキューも始まったからでしょう。

医師の立場からすると重傷のケガ人が24時間ほったらかしにされることは考えられません。ケガをしていなくても阪神大震災のように冬であれば、身動きできず、飲まず食わずで、24時間屋外で放置されれば体力の消耗は激しいでしょう。重傷者はもたないと思います。

24時間以内に救出するのは最低の目標でしょう。クラッシュ症候群は2時間以内に救出すれば起きないことや、火事が襲ってくることを考えると2時間以内といわず少しでも早い救出を目指すべきでしょう。

普段救出の技術を持っているのは消防ですが、数が足りないし、消防は火を消すことに全力を尽くして欲しいのです。

平成16年の中央防災会議で、発災後2日間で警察庁、防衛庁、消防庁合わせ5万人体制で投入されると発表しています。外からの援助は少しでも早く入ってきて欲しい。しかし、突発型の地震では情報が少なく実際に機能できるのは24時間以降だといわれています。

私はもっと悲観的で、例えば、これまでも地滑りが再々起きている由比で地滑りが起きれば、道路、鉄道とも遮断され東からの援助は途絶えます。（第2東名がどれだけ使えるかになります）。名古屋が被災すれば例え静岡のほうが被害が大きくても西からの援助は名古屋で止まります。また静岡県には大きな川が4つあり、それらの橋が使えなくなれば県内の交通は寸断されます。数日間、外からの援助は機能せず、地元で頑張るしかない最悪の場合に備えておかねばなりません。

静岡県の住民は自分達の住んでいるところを自分達で助ける覚悟がいるでしょう。もし外からの援助が間に合えば、ラッキーと思えばよいでしょう。

災害では、自助7、互助2、公助1といわれます。自分の身は自分で助けるしかないという意味で使われます。また行政にできることは少ないという意味にも使われます。これは正しいと思います。災害が起きた直後、行政や医療のできることは少ないでしょう。しかし、それなら行政や医療は、行政や医療でやり切れることとでないことを市民に説明し、住民が立ち向かう力を得る準備を平時に教える必要があると私は考えています。行政や医療がやり切れるような幻想を作り、住民がそれを当てにしている限り、自分の被害を少なくする努力や、地域で助け合う準備は拡がらないでしょう。阪神大震災の二の舞になります。

12. トリアージ

阪神大震災で押し寄せる負傷者を的確に治療できなかった反省から、導入されました。すぐに治療が必要な負傷者は、治療をしなければ死んでしまうけど治療すれば助かる人です。重傷すぎて治療をしても助からないけが人や、治療が遅れても命にかかわらない人の治療は後まわしになります。そのための方法がトリアージです。色々なやり方がありますが、スタート法というやり方がよく使われています。私たちが市民に教えているトリアージのやり方を載せます（表5）。スタート法を少し変えたもので、私たちの仲間で静岡市で開業している大村純医師が作りました。

黒、赤、黄、緑の4つの色に分けます。赤タッグは直ちに治療しないと死んでしまう人です。黄タッグはすぐ治療しなくてもよいが入院して治療が必要な人です。緑タッグはケガをしているが命に別状ない人です。黒タッグはすでに死亡している人です。

トリアージし、赤と黄は病院に運びます。緑は救護所で応急処置をします。黒タッグは、病院や救護所で検死を受けることになります。

[表5]

静災連トリアージ表

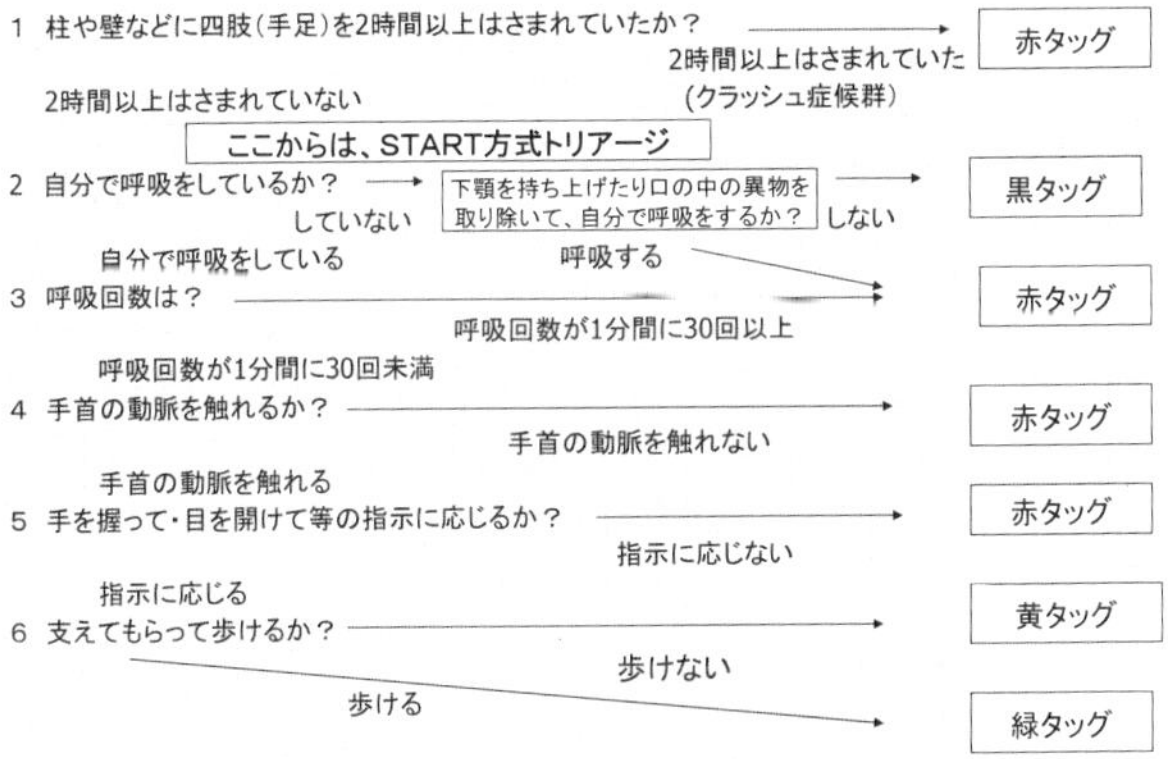
1　柱や壁などに四肢（手足）を2時間以上はさまれていたか？
2時間以上はさまれていた
（クラッシュ症候群）
赤タッグ
2時間以上はさまれていない
ここからは、START方式トリアージ
2　自分で呼吸をしているか？
していない
下顎を持ち上げたり口の中の異物を取り除いて、自分で呼吸をするか？
しない
黒タッグ
自分で呼吸をしている
呼吸する
3　呼吸回数は？
呼吸回数が1分間に30回以上
赤タッグ
呼吸回数が1分間に30回未満
4　手首の動脈を触れるか？
手首の動脈を触れない
赤タッグ
手首の動脈を触れる
5　手を握って・目を開けて等の指示に応じるか？
指示に応じない
赤タッグ
指示に応じる
6　支えてもらって歩けるか？
歩けない
黄タッグ
歩ける
緑タッグ

トリアージは災害現場や救護所、病院の前などで行います。病院では赤や黄とトリアージした負傷者を病院の中に入れ、再度正確なトリアージをし、命を助けるために必要な処置も行います。これを2次トリアージといいます。

13．市民にトリアージはできるのか？

普段は負傷者の診察も治療も医師がやります。一般の人が重傷か軽傷か見分けることはしません。応急処置をすることも少ないでしょう。ではなぜ災害時は市民がしなければならないのでしょうか。これまでに述べてきたように災害現場には医師も看護師も救急隊もいません。皆自分の持ち場で精一杯です。というより、それさえ難しい状況です。現場には市民しかいない可能性が高いのです。急いで病院に運ばなければならない重傷か、救護所に運んでそこで医師にトリアージ、治療をしてもらう軽傷か。この判断は、市民がしなければならない場面が多いはずです。そのときに役に立つのが「静災連トリアージ表です」。じっと見てみてください。特別な医学知識は必要ないと思います。私たちは静岡市の訓練で市民にもトリアージに参加してもらっています。これまで数回のテストの結果では、医師、看護師が行った結果と差はありませんでした。

ただし、二つの注意をしています。

一つは正確な診断はいらないこと。例えば赤か黄か迷ったら重いほうにすることです。市民トリアージの目的は病院に運ぶ重傷者と救護所に運ぶ軽傷者をふるいわけをするのが目的です。救護所でも、病院でも医師がもう一度トリアージします。正確な診断は必要ないのです。むしろ出血していたら圧迫止血する。骨折していれば近くにあるもので固定するなどの応急処置ができれば理想です。

もう一つの注意は、黒タッグ（死亡）はつけずに赤にすることです。だれが見ても死亡している場合も有ると思いますが、市民が現場で死亡と判断する必要はないからです。この部分に関してはさらに簡明なやり方を考えています。

14．救護所は機能するか？

救護所とは災害時に医師会の先生達が最初の医療を行う所で、ケガをした人はまずここでトリアージし、軽傷者は救護所で応急処置をし帰宅します。重傷者はここから病院に運ばれることになっています。これは県、市町村のマニュアルに載っています。学校が救護所になることが多く、薬の備蓄もされています。市町村と連がる無線機も配備されています。

しかし、救護所が実際は機能しないのではと考えている人は、医師会員にも市民にもたくさんいます。その理由は、救護所立ち上げ訓練がされていないことが大きな理由です。そのうえ不備も多いです。例えば保管している薬の種類が役に立つものでなかったり、数も少なかったり、あるいは市町村に状況を報告し、支援を頼むことになるはずですが、大事な無線機を使った経験のある人が殆んどいません。また救護所の鍵は校長先生が持っていますが、校長先生が来れないときはどうするのか決められていません。などなど、実際に訓練をすると不備なことが非常に多く出てきます。しかし、それらは訓練をし、不備を洗い出し工夫することで解決できます。例えば、学校と町内会の話し合いで、救護所の鍵を連合町内会長にももってもらうなどで解決できます。何よりも訓練を実際にやらなければ、医師会員は救護所に来ません。医師会の医師が来なければ救護所は機能せず、何千人もの負傷者は皆病院に殺到することになります。

救護所で行うトリアージ訓練は地域の医師が参加することで、救護所立ち上げ訓練にもなります。不備な点を洗い出し改善していくことで、救護所が本番で機能できると考えています。

地域の住民と地域の医師会員で行う救護所立ち上げ訓練を是非行ってください。必ずその地域で開業している医師、本番のときそこの救護所に来ることになっている医師の参加を求めてください。本番で機能することが訓練の目的です。

15．市民でできる応急処置

大災害には命に別状無いということで、例えば骨折があっても軽傷者、緑タッグにトリアージされます。でも皆ケガをしているので治療は必要です。この応急処置は現場や救護所で市民が行わなければならないことがあります。頻度が高いケガについて簡単に書いておきます。

(a)出血に対する止血　体の中の出血は外からはどうしようもありませんが、外から見える大量の出血は止める必要があります。私が薦めるのは直接圧迫法です。出血部位にきれいなガーゼ、なければタオルなどを当て、強く押さえます。きれいな布がない場合、サランラップを当ててその上からタオルなどを当て強く押さえてください。出血が止まれば、包帯でやや強めに巻いてください。

　止血法には他の方法もあります。出血しているところより根元で動脈を手で押さえる方法や、タオルなどで強く締める方法もありますが、この方法で止血するのはかなり難しいです。直接圧迫法を薦めます。

(b)骨折に対する固定　骨折は直ちに治療しなければならない外傷ではありません。しかし、痛みは強いので固定する必要があります。医療機関にはギプスやシャーレなどがありますが、それも数百人に足りる数はありません。まして救護所ではとても足りません。固定するためには長くてしっかりしたものは何でも代用しましょう。例えば、板、週刊誌、ダンボール、傘など何でも使えます。これを沿わせて骨折部の上下の関節を包帯で止めます。包帯がなければタオルで巻いてもよいでしょう。

(c)火傷　体の表面積の20％以上をやけどすると生命の危険があります。トリアージは赤になります。面積の計算は一つの面積を9％とする〝9の法則〟が分かりやすいです。片側の上肢が1、片側の下肢が2、胴体の前が2、後ろが2、顔が1です。これを足して9をかけると火傷の面積が出ます。

　これら応急処置は市民でもできることです。是非できるようにしてください。いずれも、消防の応急救護などの講習を受けるとさらに身につくでしょう。

16．東京・荒川区西尾久4丁目の試み（図6）

　東京・荒川区西尾久4丁目では阪神大震災の平成7年から「自分達の町は自分達で守る」を合言葉に毎年数会の災害訓練を現在まで続けています。お年寄りと子供以外は全員レスキュー隊員と考え、男性はチェーンソーやコンクリート破砕、消火などを受け持ち、女性は自前のレスキューカーで患者搬送と応急処置を受け持っています。一人住まいのお年よりの名簿を作り、レスキュー隊は真っ先にそこに駆けつける手はずになっています。被災後1時間以内に町民を瓦礫の下から出すことを目指しているそうです。町内会長の川島一太さんとお話しすると、阪神大震災のテレビ報道の中で、「小さな女の子が焼け跡で何か拾っているのを警察官が見つけ、何をしているのか尋ねると、地震の後、女の子は外に出れたけど、お母

[図6]
荒川区西尾久4丁目「市民レスキュー隊」

さんは柱の下敷きになり動けず、皆に助けを求めたけど誰も来てくれず、そのうち、火が回ってきてお母さんに、あんただけでも逃げなさいと言われ、女の子は逃げた。そして、翌日焼け死んだお母さんの骨を拾っているところだった」という報道だったそうです。それをみて自分達の町でこんなことを起こしてはいけない、自分達の町は自分達で助けようと、町内に働きかけ市民レスキュー隊を作り訓練しているとのことでした。私はこういうものが一番必要なのは東海地震を控えた静岡のはずだと考えました。荒川の体制にさらに医療を加えたものが県内あちこちに立ち上がる必要を感じ、町内会との訓練を行っています。

17. 訓練は具体的に

現在行われている防災訓練は、災害に必要といわれていることでやりやすいことをしています。折角多勢の市民が集まる訓練です。自分の地域の命を守る訓練でありたいものです。そのためには町内の人的被害想定を知り、救護所を機能させ、重傷者を病院に運ぶ手段を考えておく必要があります。静岡県防災局のホームページには市町村の建物被害と人的被害が載っており、町・丁目は建物被害が載っています。これから町・丁目の人的被害を推定することができます（http://www.e-quakes.pref.shizuoka.jp/data/pref/higai/data/index.html）。想定される負傷者を誰がどうやって助けるかを考え具体的な訓練を是非して欲しいのです。

18. 城北町内会の訓練

静岡市で連合町内会と医療の訓練を始めて5年経ちました。住民が行うトリアージ訓練を私たち医療が手伝うという形で始めました。年々変化していきクラッシュ症候群対策を加えたり、若者、特に中学生にも参加を求めました。一般論でなくその町内の被害想定、例えば重症患者が何人出て、掘り出さなければならない生き埋めは何人かなど、に基づき救護所や搬送を考えるシナリオを考えてきました。

５年間で静岡市の地域救護所40のうち16の救護所で訓練を行いました。そして平成16年12月私たちの呼びかけに対応する町内が現れ、住民自らが企画する地域を守る訓練と病院の訓練を同時に行いました。静岡市の城北学区です。

町内会で実際に行ったことは、

①各町内から救護所まで住民による搬送訓練

②小学校のグランドに仮設倒壊家屋を作り消防の指導のもと住民による救出訓練（図7）

③消火訓練

④町内で開業している医師7人による救護所での医療（トリアージと応急処置）（図8）

⑤住民2名によるトリアージ訓練

⑥住民による重傷者を病院までの搬送訓練（担架、リヤカー）などです。

そして病院では、運ばれてきた負傷者の2次トリアージ訓練（正確な診断と生命を安定化させる治療）、ヘリコプターを使って広域搬送訓練を行いました。（図9）

町内会と病院との合同訓練は、次の点で画期的な訓練でした。一つは、地震災害時の初期に必要なこと、レスキュー、搬送、救護所の立ち上げ、トリアージ、応急処置などを、全て

[図7]

城北連合町内会
救出訓練　クラッシュ症候群対応

[図8]

トリアージ訓練　応急救護訓練
模擬患者45名
地域の医師会員7/11名＋住民2名

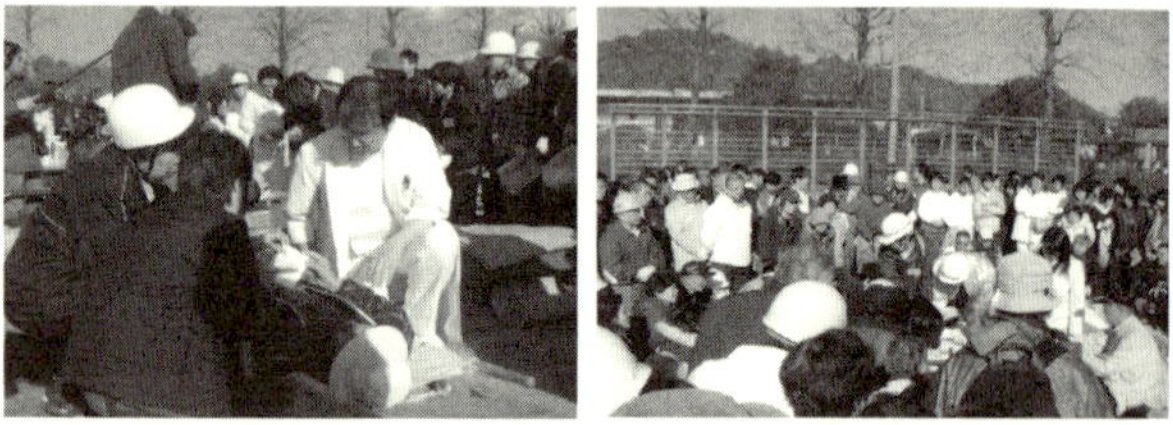

[図9]

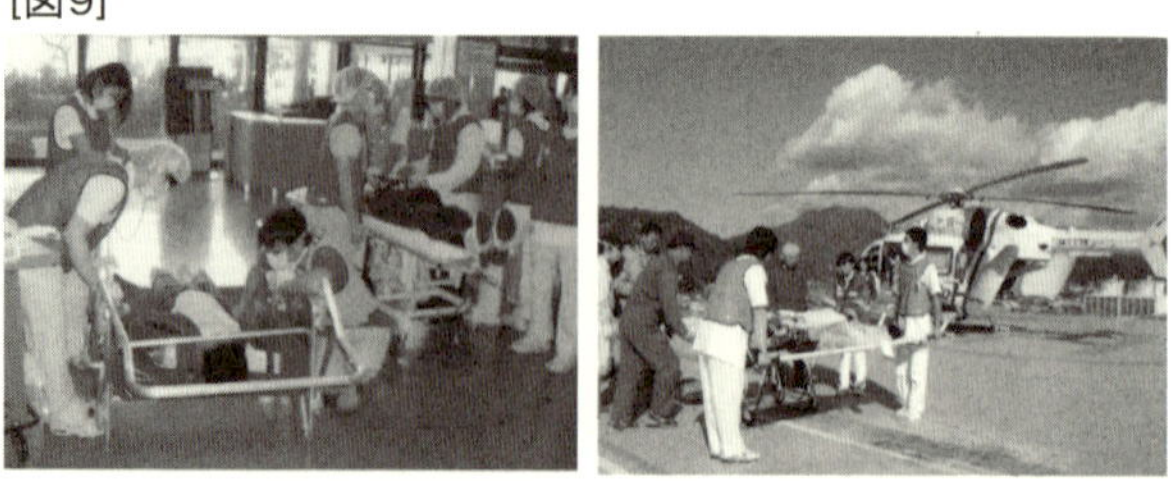

行う訓練だったことです。もう一つは、市や消防を当てにせず地域を単位として、住民とその地域で開業する医師が行った訓練であったことです。（残念ながら静岡市は地域の医療の訓練に参加してきません）。最小単位ですが、実際の東海地震で負傷者を助けるために必要なことは一通り網羅されました。住民や中学生からも自分たちの命は自分たちで守らなければならないことが分かった、という大変前向きな感想を頂きました。そして大変な訓練を終わって、ケガをしないことが一番だと分かったという感想もあり、その意識が建物の耐震化、家具の固定などにつながることを期待しています。

静岡市に40ある地域救護所のうちの一つの救護所、連合町内会との訓練でした。また、技術的にも初めての試みで未熟な点もありましたが、私たちの考えている形が初めて実現しました。こういうものがあちこちで行われれば実際のときに災害に立ち向かえるのではないかと思います。静岡市だけでなく、全県下に広がることを願います。

19．町内会で準備しておくこと

東海地震で最初の24時間は誰も助けに来ません。そう思っていましょう。
総論としては、町内の命は町内で守るしかないという覚悟を決めるということでしょう。

住民の意識を、避難所に退避するのではなく、ケガをしてない人は子供とお年寄り、病人以外は皆残って、家族を、隣近所を助け出してください。万が一埋まったら人の声や足音がしたら助けを求めてください。声のないところは生きている人がいないと判断されて後回しになります。素手では限界があります。ジャッキやノコギリ、金のつっかい棒、バールなどは近所にあるはずです。パワーシャベルなどの重機は連合町内会単位ならどこかで持っているはずです。平時に調べリストアップし、万が一のときには協力をお願いしておけば、いざというときにすばやく活動できます。一人暮らしのお年寄りのリストも必要で、順番に手分けして安否の確認をすることになります。個人保護法でこの作業がしにくくなりましたが、いざというとき助けが来る話です。リストに載らなければ助けてもらえないかもしれない話です。趣旨を理解して本人の申し入れなら問題ないのではないでしょうか。

火事については、ここは是非消防にがんばって欲しいのですが、消防だけでは足りないかもしれません。神戸では地域の人たちが消火器を持ち寄って火を消した例もあったようです。プール、川、池などのいざというときの水のありかを調べておきましょう。

もちろん、火を出さないようにガスや電機を切ることは大事ですし、電気再開通時の火災を予防するために、避難するときはブレーカーは切っておきましょう。

災害はどんな形で来るか分かりません。東海地震は阪神大震災とも中越地震とも違う形になるかもしれません。どのような形になっても柔軟に対処できるリーダーが必要です。地域で育てる努力が必要ですが、静岡市の経験では、地域の被害想定に対応する訓練を繰り返すなかで育ってくるのではないでしょうか。

20．透析患者さんについて

透析患者さんは１週間に３日、病院で透析をして普通の生活をすることができます。３～４日透析できないと命が危なくなる患者さんが出てきます。透析するためには水と電気が必要で、特に水は１日に１人の患者さんに１５０リットル必要です。災害のとき問題になるのは病院自体被災して水が足りなくなるからです。クラッシュ症候群という、急いで透析しないと死んでしまう人がたくさん出るからです。静岡県には透析患者さんが７０００人います。これは県民の４００人に１人の割合です。透析に必要な１５０リットルは50人分の飲み水（１人１日３リットル）でもあります。市町村は水を蓄えています。しかし、それは住民の飲料水としてです。どうか健康な人は３日間は自分と家族の飲み水は平時から蓄えておいてください。そうすれば市町村の水を、ないと死んでしまう負傷者や病人にまわすことができます。

透析患者さんについては病院同士で透析できる施設をラジオで流すような対策をとっています。実は今の日本で、自分で命を守らなければいけないという危機管理が一番進んでいるのは透析患者さんだと思っています。彼らの危機管理意識、能力を是非学びたいものです。

21. まとめ

(1)災害で一番大事なことは生き残ることです。自分が生き残ったら次に周囲を助けてください。
(2)東海地震で想定されている被害は、地元の消防・救急や医療でやりきれるものではありません。外からの援助が入ってくるまでは市民の活動が必須です。そのためには、平時の今、市民と医療・行政との訓練は大事です。
(3)瓦礫の下からの救出、医療機関までの搬送は市民の役割であり、そのための準備と訓練をしましょう。
(4)地震に特有のクラッシュ症候群ついて、対策も含め理解しておきましょう。
(5)訓練は地域の被害想定を考え、具体的に行いましょう。

第3章　県内人工透析施設の地震対策の現状と課題

浜松医科大学附属病院血液浄化療法部長・加藤明彦

はじめに

東海地震では、静岡県の全域にわたって同時多発的に震災が発生し、多くの人々が被災すると予想されている。恐らく都市部では、複数の医療機関が同時に被災し、処理できないほどの被災者がでる。一方、都市部以外の郊外では、交通渋滞、道路の寸断、連絡網の途絶などによって多くの人々が孤立し、医療機関に行けない事態が起きうる。

東海地震の際に、透析医療を確保することは大きな課題である。特に血液透析は、電気・水などのライフラインが確保され、透析機器や専任スタッフが揃わないと出きない治療法である。また血液透析を受けている人々は、週3回、4時間の定期的な治療が必要である。

さらに東海地震では、建物などの崩壊による下敷きにより、静岡県内で２００件以上の「クラッシュ症候群」が発生すると予想される。「クラッシュ症候群」では、生命にかかわる重篤な電解質異常や腎機能障害が起きるため、新たに透析が必要になる人々がでてくる。

　本稿では、震災時の透析医療の問題点を列挙するとともに、現在、静岡県内の人工透析施設間で整備されつつある情報ネットワークについて紹介する。さらに、県内の透析施設が今後対処すべき課題についても概説する。

1．東海地震で、どうして透析が問題になる？

　人工透析を定期的に受けている人にとっては、透析が数日以上できないことは生命に影響する。現在、静岡県内には人工透析患者が８２００名以上いるが、東海地震では多くの透析施設が同時に被災しうるため、通常の透析業務は困難になると予想される。

　さらに透析患者自身が高齢化し、多くの合併症を抱えるなど身体的な問題や、限られた医療機関でしか透析が出来ないといった施設側の問題も存在する。以下に、被災時における患者側および施設側の問題点をあげる。

(1)患者側の問題点

　社団法人日本透析医学会の調査によれば、「東海地震説」が発表された１９７６年当時は、全国の透析患者数は約１万８０００人であった。それが30年経った２００５年度末には、約

[図1]

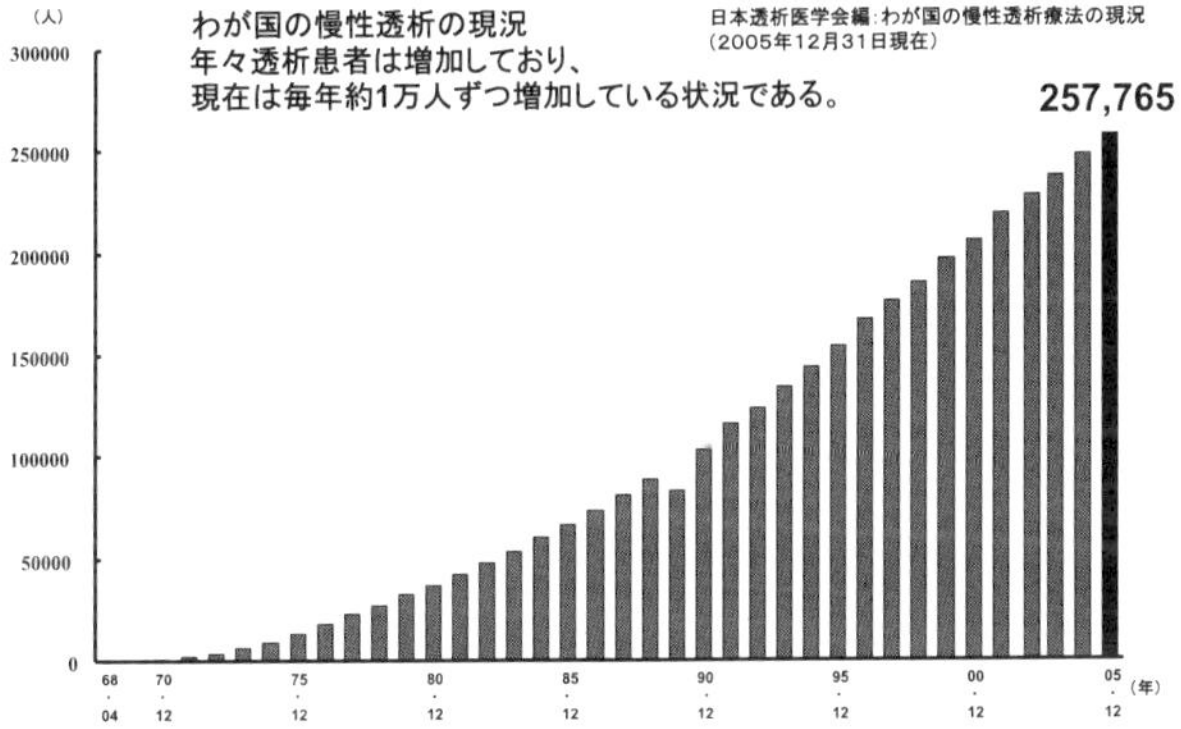

わが国の慢性透析の現況
年々透析患者は増加しており、
現在は毎年約1万人ずつ増加している状況である。
日本透析医学会編：わが国の慢性透析療法の現況
(2005年12月31日現在)

[図2]　静岡県の透析事情
毎年おおよそ350人ずつ増加しており、
特に昼間の血液透析を行う患者が増えている。

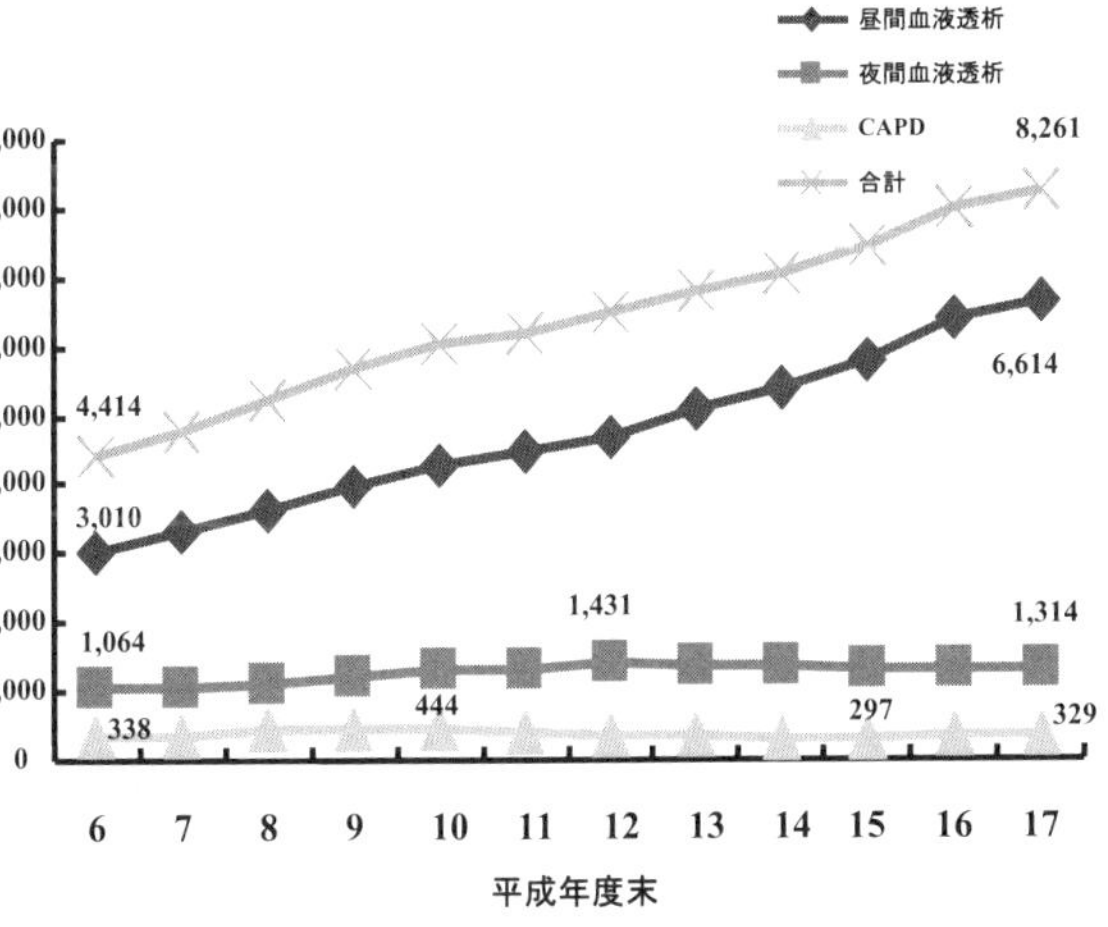

25万8000人まで増加している。静岡県内でも、ここ15年間は平均して毎年350人ずつ増えている（図1、2）。

このように透析患者が増え続ける背景には、透析の予備群である「慢性腎臓病」の患者が増えていることが、大きく関係している。2006年2月に発表された日本腎臓学会の調査によると、国内に「慢性腎臓病」を持つ人は約1800万人（全体の18・7％）、腎臓の機能がすでに半分以下（糸球体濾過率＜50ミリリットル／分／1・73平方メートル体表面積）まで低下した人は約420万人（同4・2％）いる、と推定している。この数字は計算上、全国民の約6～25人に1人は腎臓の病気を持っていることになる。現在、透析患者は毎年約1万人ずつ増えており、2010年に30万人に達すると予測される。

どうして、「慢性腎臓病」が増え続けているのであろうか？　第一には、生活習慣の欧米化により、糖尿病や高血圧など生活習慣病が増えていることが関係している。日本透析医学会の統計調査では、1998年より糖尿病性腎症が慢性糸球体腎炎を抜き、透析導入の原疾患の第1位になっている。現在、透析を始める5人に2人は糖尿病が原因であり、透析患者の3人に1人は糖尿病を抱える時代である。さらに、高血圧による腎硬化症で透析を始める人も、全体の1割を占める。

もう一つの理由として、日本人の高齢化がある。加齢は、腎機能を低下させる大きな要因である。２００５年度末において、日本の透析患者の平均年齢は63・9歳であり、75歳以上が全体の21・5％、80歳以上が10・4％を占めている。さらに、２００５年度に透析を開始した人々の平均年齢は66・2歳であり、80歳以上が全体の15・0％を占めている。

こうした糖尿病の増加や高齢化の影響を受け、透析患者は循環器系、感覚系、骨格系などに多くの合併症を抱えている。体力は低下しており、通院が精一杯という人も少なくない。従って、一旦震災が起きれば、すぐに「災害弱者」の立場になる。実際、２００４年10月の新潟県中越地震でも、死亡した46名中４名は透析患者だったと報告されている。

(2)施設側の問題点

透析治療が災害時に問題になるもう一つの理由は、透析自体が特殊な治療法である点である。実際、透析を行うためには、以下の３つの条件が確保される必要がある。

第一に、電気や水などライフラインの確保である。特に水は大量に必要であり、１回の血液透析で１人あたり１２０～１５０リットル、透析液として２００リットル使う。

第二に、透析に必要な機材、資材、医薬品などの確保である。透析に使用する純水は、逆浸透圧装置が作動しないと作れない。さらに給排水のルート、透析液の供給装置、患者監視装置などの機器が正常に作動することも大切である。また透析に使用する針、注射器、ガーゼ、透析回路、透析機器（ダイアライザ）などは、すべて使い捨てであり、大量の在庫を必要とする。生理食塩水、抗凝固薬、エリスロポエチン製剤などの薬剤も必要である。

第三に、透析に精通した医療スタッフの確保である。臨床工学技士が透析機器の管理・操作を行い、医師・看護師が実際の治療を行うことにより、安全な透析が可能となる。新潟県中越地震でも、全国から多くの透析専門職がボランティアとして派遣されたが、被災施設の透析機種に精通していなかったため、かえって教える時間が生じてムダであった、という意見がでている。

以上のように、ライフラインおよび物的・人的な資源が揃うことにより、初めて安全な透析が可能となる。東海地震ではライフラインの途絶、透析施設の破損に加え、透析スタッフが病院へ行けない、といった不測の事態が起きうる。表1に都市型地震であった兵庫県南部地震と、地域型地震であった新潟県中越地震における透析施設の被害状況を示す。

2．静岡県内の透析施設災害時ネットワークの活動状況

兵庫県南部地震では、多くの透析施設に甚大な被害が生じたため（表1）、震災後に自力

［表１］兵庫県南部地震と新潟県中越地震の被害状況

被害状況		兵庫県南部地震	新潟県中越地震
人的被害	死者	6,433 人	40 人
	行方不明	3 人	0 人
	重傷	10,683 人	622 人
	軽傷	33,109 人	4,034 人
住家被害	全壊	104,906 棟 (186,175 世帯)	2,802 棟 (2,832 世帯)
	半壊	144,274 棟 (274,182 世帯)	11,963 棟 (12,671 世帯)
	一部損壊	263,702 棟	92,274 棟
	合計	512,882 棟	107,039 棟
透析施設被害	断水	50	4
	停電	51	4
	電話使用不可	19	0
	水処理システム	40	3
	透析液供給装置	21	5
	患者監視装置	13	0
	災害死	23 人	4 人

で大阪まで歩いていき、現地の施設に直接透析をお願いした、というエピソードがある。

こうした兵庫県南部地震の被害を教訓とし、社団法人日本透析医会が中心となり、１９９８年に「災害時情報ネットワーク」（事務局：千葉県みはま病院）が設立された。本ネットワークは、全国の透析医療機関を対象とした情報ネットワークであり、各都道府県に支部が置かれている。

静岡県では、静岡県腎不全研究会のメンバーが中心となり、１９９８年３月に「静岡県透析施設災害時ネットワーク」が設立された。現在、この「静岡県透析施設災害時ネットワーク」以外にも、県内には７つのローカルネットワークが運用されている。

(1)「静岡県透析施設災害時ネットワーク」の活動

現在、浜松医科大学附属病院の血液浄化療法部が事務局となり、「静岡県透析施設災害時ネットワーク」が稼働している。本情報ネットワークでは、ホームページ（http://www2.hama-med.ac.jp/w6a/dial/saigaizitoseki1.html）を作成し、日本透析医会のホームページ（http://www.saigai-touseki.net）とリンクし、全国の透析施設の被災情報を収集している。

さらに本ネットワークではメーリングリストを構築し、県内の透析施設間の情報網を整備している。２００６年度末で、県内の１１０透析施設中90施設が加盟している。メーリングリストは、日本透析医会の透析医療災害対策ネットワークメーリングリストとリンクしており、全国からの災害情報が収集可能である。さらに、県内の災害関連の講演会や勉強会の案内をするなど、情報交換の場として活用されている。

２００５年10月、厚生労働省は「国民保護計画」を公開した。その中の「人工透析医療」の項（第５章第４節３項）で、災害時の日本透析医会の役割を言及している。それによると、日本透析医会は各施設の被災情報を把握し、都道府県の救急医療や人工透析担当課へ報告する役目を担っている。現在、「静岡県透析施設災害時ネットワーク」のメーリングリストには、静岡県庁健康福祉部も参加しており、収集された情報が行政側に送られる体制になっている。

(2)「医療ネットしずおか」との連携

２００６年3月、静岡県健康福祉部の疾病対策室が中心となり、静岡県救急医療情報ネットワークを基とした「医療ネットしずおか」(http://www.qq.pref.shizuoka.jp/)が開設された。本ネットワークには、県内の病院、診療所、歯科診療所、消防機関、医師会、保健所など多くの施設が参加しており、最大の医療機関ネットワークである。

この「医療ネットしずおか」には、「人工透析機関被災情報」の登録メニューが設けられている。県内の各透析施設がコンピューター画面より被災情報を入力することにより、相互の被害情報や必要な情報を確認できるシステムになっている。

現在、「医療ネットしずおか」に集まった被災情報を、「静岡県透析施設災害時ネットワーク」のメーリングリストを通じ、県内の透析施設に配信する連絡体制が検証されている。２００７年1月18日に行われた「医療ネットしずおか」の情報伝達訓練では、「静岡県透析施設災害時ネットワーク」のメーリングリストを利用し、県内の透析施設間の情報伝達や集計が行われている。

こうした行政と透析施設が連携した情報ネットワークは、全国でも初めての試みである。今後は、患者、透析関連企業、ボランティア、マスコミなどの多くの人々が参加し、透析施設の被災情報をリアルタイムで確認できるシステム整備が望まれる。

(3)人工透析施設間のローカルネットワーク

２００６年度末において、静岡県内には７つのローカルネットワークが稼働している。伊豆半島地区（http://www4.tokai.or.jp/izuhantou-HD）、三島地区（http://www3.tokai.or.jp/sinsainetwork/T1.htm）、富士・富士宮地区、静岡地区、志太・榛原地区、中東遠地区、浜松地区（http://www2.hama-med.ac.jp/w6a/dial/hamamatsusaigai.htm）である。さらに沼津・裾野・御殿場地区でも、新たなネットワークを構築する動きがある。

こうしたローカルネットワークは、実際の被災現場では最も頼りとなる情報網と思われる。静岡県は大きな川で仕切られた東西に長い県である。全国や県単位の情報ネットワークは、被災地を把握し、遠隔支援を行うことは可能である。しかし被災地への直接支援となると、近隣の透析施設同士がお互い助け合うことが、最も有用と思われる。新潟県中越地震でも、緊急のミーティングは10施設までの方が話がまとまりやすかった、と報告されている。

3．「クラッシュ症候群」への対策

今まで維持透析患者への対応を述べてきたが、大地震の際には「クラッシュ症候群」によって生じる緊急透析への対応も新たに必要となる。

(1)「クラッシュ症候群」とは？

「クラッシュ症候群」とは、倒壊家屋などで下敷きになり、長時間（2〜3時間以上）挟まれた人が、救出後、急速に局所の浮腫、ショック、急性腎不全などの症状を呈する外傷性の疾患である。昏睡した状態では、自分の体による手足への圧迫でも起こりうる。

本疾患の存在が初めて明らかになったのは、第二次世界大戦中のロンドン大空襲（1940年）の時である。崩壊した瓦礫の下から救出された人々は、外傷が軽微だったにも関わらず、四肢の圧迫による横紋筋融解によって高カリウム血症や急性腎不全となり、救出後に死亡した、と報告されている。

「クラッシュ症候群」には、主には以下の3つの病態がある。

1．救出により、急に体への圧力がなくなるために起きる循環不全

2．細胞組織が破壊されたことにより生じた高カリウム血症や酸血症による不整脈や心停

止

3・　長時間の圧迫による筋肉の壊死（ミオグロブリンの放出）などが原因の急性腎不全

(2)過去の大震災における「クラッシュ症候群」

大震災では多くの人々に「クラッシュ症候群」が発生することが報告されている。以下に兵庫県南部地震および世界各地での「クラッシュ症候群」の報告を紹介する。

(a)兵庫県南部地震

兵庫県南部地震では、95救護病院へ地震発生後15日以内に６１０７名が入院したが、うち外傷患者は２７１８名であった。これら外傷患者のうち、「クラッシュ症候群」を合併した人は３７２名(13・７%)であり、平均年齢は47［２-90］歳、男性・女性の比率は１７８：１９４であった（J Trauma 1997;42:470-476)。

「クラッシュ症候群」を発生した人々は、建物の下敷きになっていた時間は平均で９［１-１０６］時間であった。また、筋肉崩壊の指標である血清ＣＰＫの最大値は、６６、４６４［３、２１０-４９１、９８０］ＩＵ／Ｌ（正常は42～１６４）であった。血清ＣＰＫ値は、１肢の障害では平均４１、１４３ＩＵ／Ｌ、２肢の障害では１０９、３４１ＩＵ／Ｌ、３肢以上の障害では１、７２５、２４１ＩＵ／Ｌであり、障害が広範なほど上昇していた。また

[表２]クラッシュ症候群では、筋肉が壊れるほど脱水や腎障害がひどい。

最大CPK (IU/L)	<75,000	≥75,000
数	136	54
年齢 (歳)	43.4±18.7	34.1±16.2
圧迫期間(時間)	9.5±1.1	6.9±0.8
骨折、腹部・胸部外傷などの合併	39.0%	40.8%
血清カリウム(mEq/L)	4.7±0.1	6.4±0.2*
ヘマトクリット(%)	44.9±1.2	52.0±1.5*
塩基過剰 (mEq/L)	-3.1±1.1	-10.2±0.8*
腎不全(Cr>2mg/dL)	35.3%	94.4%*
死亡率	4.4%	16.7%*

兵庫県南部地震の解析報告である。血清 CPK が 75,000IU/L 未満で死亡した 6 名は高齢（53.8±17.3 歳）であり、救助されてから治療が開始されるまでの時間も 8 時間と遅かった（J Trauma 1997;42: 470-476）。(*p<0.05)

血清ＣＰＫが７５、０００ＩＵ／Ｌを超した場合には、脱水、高カリウム血症、アシドーシス、腎不全などが高度であり、死亡率も高かった（表２）。「クラッシュ症候群」を発症した３７２名中２６２名は集中治療室で治療されたが、うち50名（13・４％）が亡くなった。２０２名（54・３％）で急性腎不全（血清クレアチニンで２・５ｍｇ／ｄＬ以上）を合併し、１２３名（33・１％）に透析治療が行われた。「クラッシュ症候群」以外が原因で発症した急性腎不全は19例のみだったことより、被災時に緊急透析が必要な患者のほとんどが「クラッシュ症候群」だったことが分かる。

(b)世界の大震災では？

世界各地の震災においても、大地震の後に「クラッシュ症候群」が多く発症している。過去の大震災

［表３］過去の大震災におけるクラッシュ症候群と透析治療

発生場所、年度	死者	クラッシュ症候群	透析例
スピタク、アルメニア、1988 年	25,000	600	225-385
イラン北部、1990 年	>40,000	?	156
兵庫県南部、日本、1995 年	5,000	372	123
マルマラ地区、トルコ、1999 年	>17,000	639	477
集集、台湾、1999 年	2,405	52	32
グジャラット、インド、2001 年	20,023	35	33
ブメルデス、アルジェリア、2003 年	2,266	20?	15?
バム、イラン、2003 年	26,000	124	96
カシミア、パキスタン、2005 年	>80,000	118	65
合計	>217,000	>1,900	>1,200

New Engl J Med 2006;354:1052-1063 より引用

をまとめた報告（New Engl J Med 2006;354:1052-1063）によると、１９９８～２００５年の18年間に世界で９つの大震災が発生し、21万７０００名以上が亡くなった。うち、「クラッシュ症候群」は１９００名以上に発生しており、血液透析が必要だった人は合計で１２００名を超えたという（表３）。以下に代表的な大地震での透析事情を示す。

(ア) トルコ北西部のマルマラ地震（１９９９年８月17日、マグニチュード７・４）

本地震では死者１万７４７９名、けが人４万３９５３名という甚大な被害がでた。調査した35病院は５３０２名が入院したが、うち６３９名（12・０％）に急性腎不全を合併しており、４７７名（８・９％）に透析治療（平均13・４±９・０日）が行われた（Kidney Int 2002;62:2264-2271）。

(イ)　台湾中部の集集(Chi-Chi)地震（１９９９年９月21日、マグニチュード７・３）

本地震では死者２４０５名、けが人１万７２２名、建物の崩壊が約３万棟という大きな被害がでた。震源に近い台湾中部の６病院を調査した報告によると、地震発生後２週間以内に95名が「クラッシュ症候群」で入院した。うち32名(33・7％)に透析治療が行われたが、９名(９・５％)が亡くなり、平均生存期間は７日間であった（Nephrol Dial Transplant 2001; 16［Suppl］:78-82)。

(3)東海地震における「クラッシュ症候群」は？

静岡県では、東海地震後に２６５５名の「クラッシュ症候群」が生じると想定している。過去の大震災において、「クラッシュ症候群」の約半数から１／３の人々で緊急透析が必要だったことより、県内でも新たに１０００名前後に透析治療が必要となる可能性がある。

２００４年３月19日付けの中日新聞によると、厚生労働省研究班の試案では、東海地震で広域搬送が必要な患者は６５８人としている。うち「クラッシュ症候群」は４７９人と最も多い。しかし、ヘリコプターで搬送できる人数や、長時間搬送に耐えられる患者数は限られる。恐らく２０００名以上の「クラッシュ症候群」患者は県内の災害拠点病院で治療されると思われ、３００～５００名の人々に緊急透析が必要となる可能性がある。

(4)「クラッシュ症候群」の治療

クラッシュ症候群では、大きく分けて以下の４つの治療がある。

a．脱水に対する輸液：カリウムを含まない輸液

b．代謝性アシドーシスの補正：重炭酸ナトリウムの投与

c．外科的処置：筋膜切開、壊死組織の除去、生理食塩水による洗浄、高位四肢切断

d．急性血液浄化療法：血液透析、持続的血液濾過透析、血漿交換

この内、初期対応で最も重要なことは「早期からの大量輸液」である。兵庫県南部地震では「クラッシュ症候群」で50名が亡くなったが、うち36名は被災後5日以内に亡くなっている。こうした人々のほとんどは、脱水による循環血漿量の低下と高カリウム血症が原因である。

大阪大学では、兵庫県南部地震発生後の48時間以降に「クラッシュ症候群」患者が14名搬送された。うち８名で急性腎不全を発症していたが、全例とも搬送までの総輸液量は10リットル以下であった。特に5リットル以下の３名では、尿がほとんど出ない重症な腎不全を発症していた（J Trauma 1997;42:641-6)。

同様に、２００３年5月1日に発生したトルコのビンギョル地震（マグニチュード６・

４）においても、搬送までの輸液量と急性腎不全の発症が検証されている（J Am Soc Nephrol 2004;15:1862-1867）。搬送された16名（年齢13-51歳、男性／女性＝12／４）のうち、４名で血液透析が行われたが、透析が必要な４名では平均の一日輸液量は10リットル前後であった。一方、透析が不要だった12名では、平均輸液量は20リットルであった。こうした報告より、早期からの大量輸液は循環血漿量を回復させ、さらにカリウム吸着薬により血清カリウムを下げることにより、救命率を向上させることが分かる。

　一般に「クラッシュ症候群」を合併した場合、重篤な高カリウム血症、高度のアシドーシス、急性腎不全がおきた時に透析治療が選択される。トルコのマルマラ地震では、60名に透析治療が行われたが、血液透析が46名、持続的血液透析濾過法が２名、両者の併用は12名であった。経過中に21名が亡くなったが、持続的透析濾過法と生命予後は関係しなかったことより、透過性の良い透析膜で血液透析を行うことが有用なようである（Clin Nephrol 2003;59:334-340）。

(5)「クラッシュ症候群」では、輸血製剤も大量に必要である

「クラッシュ症候群」では、通常の輸液製剤以外にも、濃厚赤血球、新鮮凍結血漿、ヒト・アルブミン製剤など、生物由来の輸血製剤が必要となる。

マルマラ地震で発生した「クラッシュ症候群」患者639名を対象とした調査によると、投与された患者1人あたりに濃厚赤血球で8・3±10・7単位、新鮮凍結血漿で13・6±19・8単位、ヒト・アルブミン製剤で8・8±9・1本が使用されていた。「クラッシュ症候群」の患者全員でみると、1人あたり濃厚赤血球が4・6±9・0単位、新鮮凍結血漿が4・4±12・9単位、ヒト・アルブミン製剤を4・0±7・5本が投与された計算となる(Kidney Int 2002;62:2264-2271, Nephron 2002;92:64-71)。

4. 今後の課題

(1) 災害時情報ネットワークの整備

現在、県単位の情報ネットワークとして、「静岡県透析施設災害時ネットワーク」(事務局：浜松医科大学附属病院血液浄化療法部)と「医療ネットしずおか」(事務局：静岡県健康福祉部疾病対策室)がある。しかし県内の約2割の透析施設は、いまだ「静岡県透析施設災害時ネットワーク」に加入していない。

また各地には、7つのローカルネットワークが稼働している。各ネットワークでは地域の中核医療機関が中心となり、連絡網の整備や情報伝達訓練が行われている。しかしネットワークごとで、その機能や取り決め事項が統一されていない欠点がある。今後はそれぞれの担当者が集まり、定期的な会合を開き、情報交換することが求められよう。

(2)各施設における震災対策の向上

ａ．耐震性の向上

　１９７８年の宮城県沖地震をうけ、１９８１年に建築基準法施工令（新耐震設計法）が発令された。それ以降に建築許可を取り建てた施設では、地震後の破損が少ないことが分かっている。実際、兵庫県南部地震では、新耐震設計法以降の建物では中破以上の損壊はみられなかった。また新潟県中越地震でも、１９８１年以降に建てられた透析施設は損壊しなかった、と報告されている。

　２００６年11月、静岡県内の89透析施設に「東海地震に関する地震情報への対応」に関するアンケート調査を行った。回答があった63施設のうち、耐震性が確保されている、と答えた施設は37施設、一部で確保されていると答えた施設は9施設であった。一方、耐震性が確保されていない、と答えた施設は10施設あり、不明と答えた施設が９つあった。こうした結果より、耐震補強が十分に行われていない透析施設が数割程度あることが分かる。

[図3] 東海地震の警戒宣言に対する静岡県内透析施設の対応
平成18年11月の時点で行ったアンケート調査(63施設から回答あり)。透析施設の約半数で、この時点では東海地震の情報に対する対応を決めてなかった。

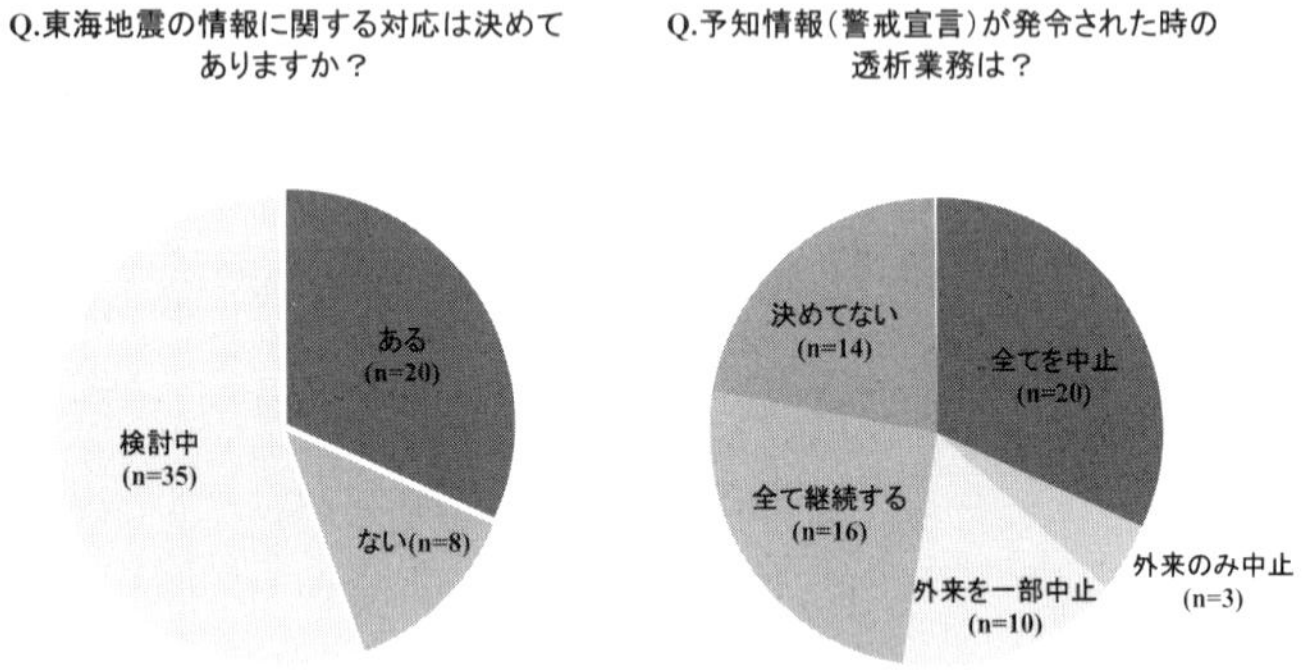

b．地震情報への対応

東海地震に関する予知情報（警戒宣言）が発令された場合、医療機関は急患を除き、原則、外来診療を中止することとなっている。ただし透析患者を急患とみなし、透析を継続するか否かについては、各医療機関の判断に任せられている。

警戒宣言に対する県内の透析施設の対応を質問したところ、図3に示すように、約半数の施設は警戒宣言への対応をいまだ決めてなかった。また16施設からは全ての透析業務を、13施設からは一部の業務を継続する、という回答をもらったが、全ての業務を中止すると回答した施設が20施設、対応を決めていない施設は10施設あった。しかし他院からの透析患者の受け入れが可能、と答えた施設は24施設のみであり、警戒宣言発令後には多くの透析患者が県内の施設で透析を受けられないことが分かった。さらに21施設では、警戒宣言が発令された後の対応を、患者さんに説明していないことが明らかになった。こうした結果より、東海地震の警戒宣言に対する対応は、まだ不十分なことが分かる。

c．その他の対策は？

情報網の整備や災害情報に関する対応以外にも、震災の際には様々な対策が必要となる。例えば、地震の揺れを想定した配管やベッド固定の工夫、自家発電や地下水の利用によるライフラインの確保などである。

また透析中に地震が起きた際の緊急離脱方法や避難経路についても、避難訓練による検証が必要である。さらに震災に対する患者やスタッフへの教育や、医療資機材のバックアップ体制も必要となる。

d．「クラッシュ症候群」への対応は？

静岡県の広域搬送計画によれば、「クラッシュ症候群」は県内19災害拠点病院で受け入れることになっている。しかし病院内に搬送されてきた「クラッシュ症候群」患者に対する対応には、統一されたマニュアルはない。また各施設によって透析ベッド数やスタッフ数も違うため、搬送された患者をすべて対応することが難しい施設がでてくると予想される。

今後は、「クラッシュ症候群」に対する治療マニュアルを普及させるとともに、災害拠点病院同士の連携を深め、静岡県として「クラッシュ症候群」に対する透析治療をいかに確保するかにつき、話し合いが必要と思われる。

おわりに

上述したように、東海地震の際には通常の透析業務の確保とともに、「クラッシュ症候群」によって新たな透析需要が増えるため、透析の確保は大きな課題である。現在、事前の対策（リスクマネジメント）として、透析施設情報ネットワークの整備は進んでいるものの、ライフラインの確保や患者・スタッフ教育などが不十分な透析施設も少なくない。さらに「クラッシュ症候群」への対応など、事後の対策（クライシスマネジメント）への対策については、県内で統一して検討されていない。東海地震で「防ぎえた死」(Preventable Death)を出来るだけ減らすために、今後もさらなる災害対策の推進が求められる。

第４章　災害に備える地域の体制について

湖西市災害ボランティア代表・前田展雄

はじめに

「防災」でも、天災に対し、残念ながら人間の力では「減災」しかできない。また、どれだけ減災へ向けての啓蒙活動を行なっても１００％の対策は取り得ない。そのことを承知していると、いかに発災後24時間における医療行為が重要であるかを「ガッテン」して頂けるのではないでしょうか。

この「24時間での医療行為」の重要性と、難しさを教えて戴いたのが、青木先生がリードされた「東海地震における市民との医療連携を考える」会で４回にわたる会合と、第４回日本救急医学会中部地方会への参加でした。

究極のネライは発災後の「24時間での医療行為」を効果的にいかに実施するかであるが、これを成功させるには、平常時からの積み上げた資機材・技能・ノウハウ・チームワークなくしてあり得ない。

私どもは、災害ボランティアとして小さな、小さなグループであるが、災害時に活動することもさることながら、本質は平常時の啓蒙活動や災害時を想定した災害ボランティアのコーディネート訓練にあると考えて行動している。

だが、一般的いわれている災害ボランティアは、早くても発災2〜3日後に活動を開始する速度であり、24時間以内では、とても組織的な活動は出来ない。この点は早く活動を開始せざるを得ない医療関係者や、災害対応のプロである行政や自衛隊、と大きな違いである。

したがって東海地震のような大規模・広域災害の場合は、24時間での医療行為を成功させる一つの要因に『地域ぐるみの活動がどれだけできるか？』が上げられよう。この様な前提にたって、災害ボランティア活動を通じて感じていることを述べさせていただく。

1．災害復興の主体は被災者、中心は自治会

災害に見舞われた地域の被災者は「……してもらう」、行政機関や医療機関は「……する」と線引きさせられた様な風潮を感じることがある。平和な日本、とりわけ災害（天災）の少ない静岡県では、『東海地震が必ず起る』といわれていても、なお平常時に、無関心な人が

多い。また、その様な人はど「……してもらう」ことが当然のように思っているのではないか。

だが実際に被災地になると、その様な甘い考えでは乗り切れない。行政の職員は市民１００〜１５０人に１人しか居ない。加えて不自由な状況下で、何をして貰える期待を持てるのだろうか？

豊橋市の弥生町には防災会があり、会の自主性で資機材の備蓄や各種訓練を行なっている。それは10年ほど前に起った竜巻被害の復興において主体性の不足で他の自治会に比べ、復興状況に差があったことを痛感されたからだと伺っております。その経験から「主体は被災者、中心は自治会」を身を持って実践しておられます。

危険だ！　といわれて、やがて30年を迎える静岡県下の自主防災会は、活動の活発な会と毎年同じことを繰り返している会があるが、どうも後者が多い様に思う。

現状で東海地震が発生したならば、たぶんマスコミの見出しは「生かされなかった経験」とか「強化地域でありながら……」といった感じのものが並ぶでしょう。それほど市民の自覚や自治会・自主防災会の幹部の認識が鈍いと感じています。

災害発生時の対応や復興は「してもらう」のではなく、「するもの」「させるもの」なので

［図1］
生活復興の中心は自治会、主体は被災者

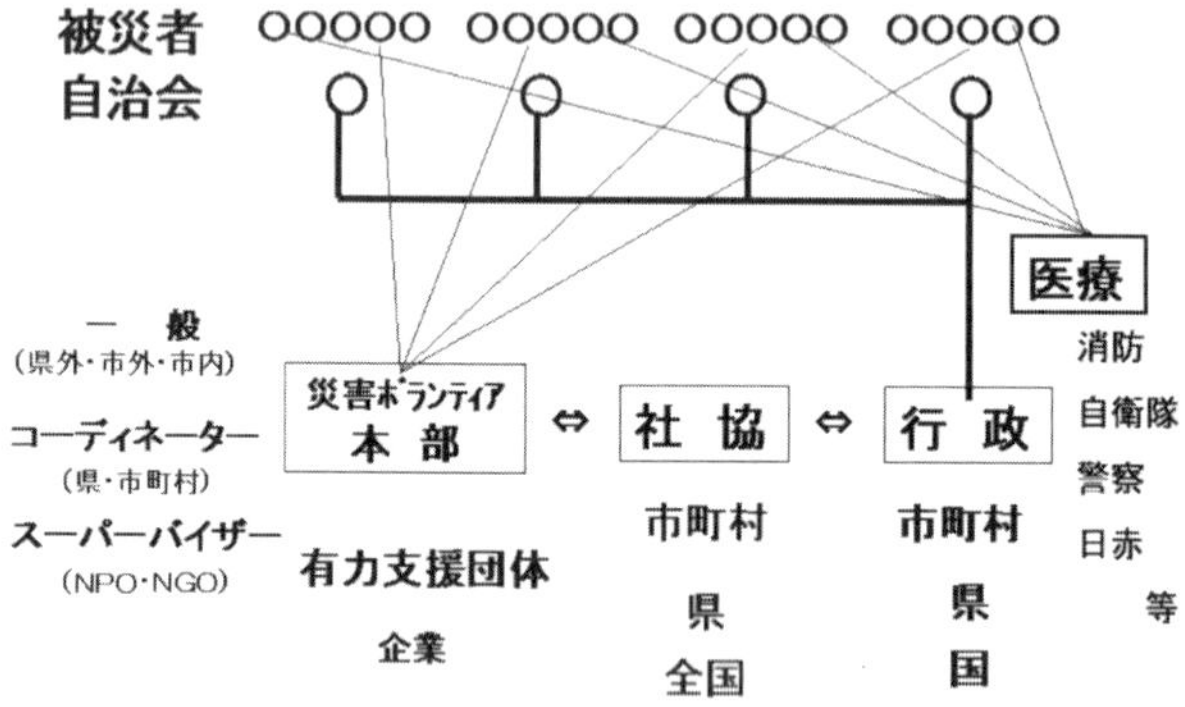

す。

　図1のように、行政や医療機関やボランティアは、お手伝いできても、主体性はありません。自治会（自主防災会）の幹部は、アンテナを張り、感度の良い触角を持ち、新しい情報をキャッチしてあるべき方向へ向かう姿勢が大切です。

2．専門家と市民のギャップ

　いろいろな専門家は、研究・調査・開発の結果を専門家の学会や業界で成果を発表され、存在をアピールされます。しかし、その結果を市民（国民）に広く知らしめ、生かしていく事が連動しない場合（ミスマッチ）があるようです。

　北大の隈本教授が「科学と対策の整合」というお話しをされていました。その事例として、阪神・淡路大震災の結果を調査した報告を学会ではされているが、市民や行政には正しく伝わっていないことを取り上げておられました。

この点は医学会でも同じ現象があるのではないかと思っています。今回の東海地震と医療の関係（災害時の医療）を市民や行政に正しく伝え、市民の理解と協力を得るには、「○○学会」ではなくて、例えば「災害時の医療を考える市民の会」や公開講座として、主催を行政や自治会にゆだねた方が良いのではないでしょうか。

内容は過去の災害時や大事故での救急医療の実態や、問題点、その対応策を市民レベルで話して頂きたいのです。講師は大病院の医師に限らず、経験のある看護師や職員あるいは開業医の方でも十分だと思います。そこで話されることは、その地域で実践できる内容であり、これからの協働体制への姿勢が、医師会なり病院でオーソライズされたものであれば、地域の住民に訴える力があると思います。

お話しして貰えると良いと思う項目

・過去の災害時や大事故での救急医療の実態や問題点
・この地域での災害時の医療体制
・救護所の役割、機能

［図2］

自治会(自主防)の協働体制

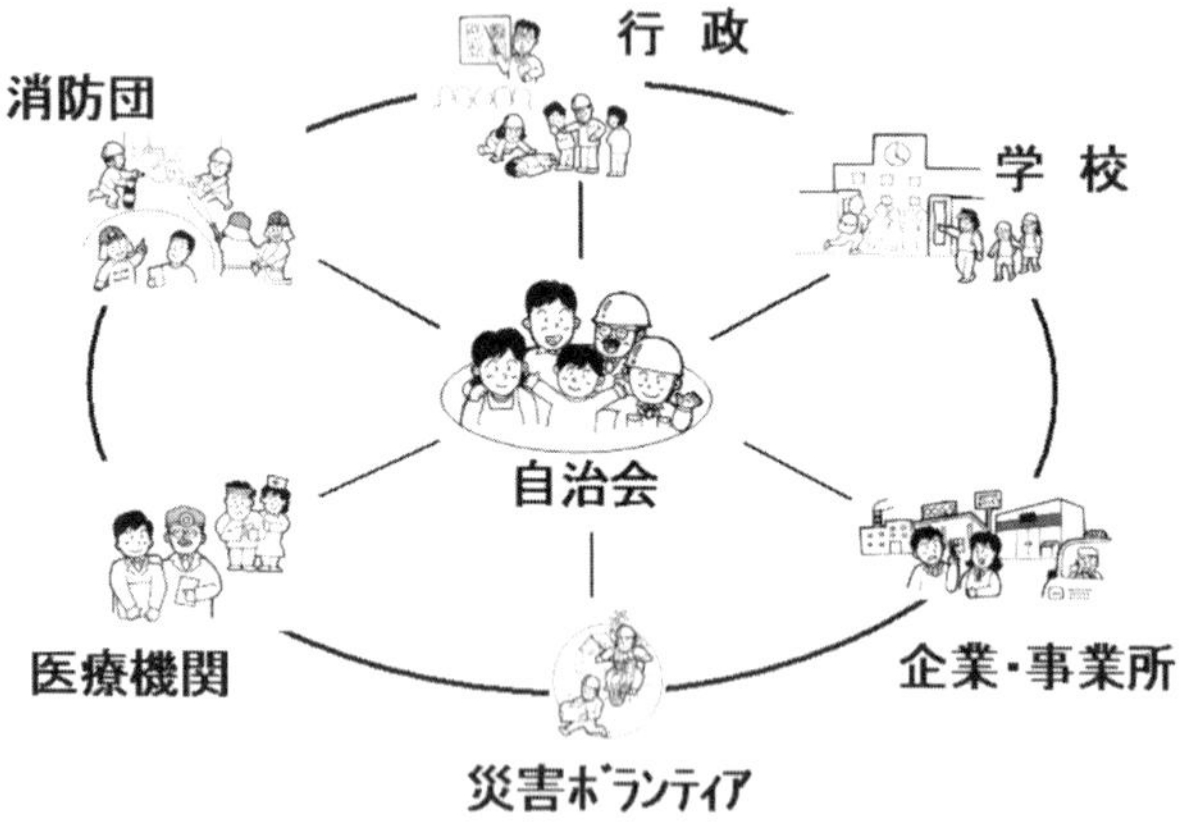

・トリアージの具体例
・持病・障害を持っておられる方への情報
・住民に期待すること

3．双方からの歩み寄り（図2）

こう考えて見ると、自治会（自主防災会）は大変重要な位置にあり、災害時の任務は多様な内容でしょう。ですから、平常時よりの協働体制の整備は欠かせないものではないでしょうか。それだけに、関係する機関や団体は自治会よりのアクションがあれば、積極的にお手伝いする姿勢を持つことが望まれます。

時には、関係する機関や団体からの働き

かけも親切になるかもしれません。必要性を知ってもらい、自治会（自主防災会）の活動計画に織り込んで貰うのも有効ではないでしょうか。双方からの歩み寄りこそ協働体制の本質だと思うのですが……。

4．―災害ボランティアとして

私たちの活動は、湖西市内にこだわらず、周辺市町の団体よりの要請を受けて減災啓蒙の行事をお手伝いさせて頂いております。内容は減災に向けての話し、各種体験コーナー（6項目）とゲームを主催者との打ち合わせで組み合わせを決めます。

最近は自治会・自主防災会・企業・小中学校よりも機会を頂く回数が増え、更にはブラジル人向けのセミナーも経験させてもらいました。お話しする中には学ばせて頂いた災害時の救急医療の大変さと、市民として必要な心構えを織り込ませて戴きました。

これからも減災の啓蒙を重視した活動を継続し、得た経験よりバージョンアップしながら成長し、少しでも災害時の減災にお役に立てれば幸いだと思っております。

［参考資料］

・参考本

『人は皆「自分だけは死なない」と思っている』山村武彦著、宝島社、１２００円、２００５年３月初版

『災害ボランティア読本』伊永勉著、小学館、１３００円、１９９８年７月初版

・静岡県の公式ホームページ

「緊急・災害情報」・・・最上部にあり、災害発生時に書き込みが行なわれる。

http://www.pref.shizuoka.jp/a_content/common/saigai.html

くらし

「防災・安全・防犯」

http://www.pref.shizuoka.jp/a_content/1_03.html

第三次被害想定

　東海地震が発生した場合、あなたの住む地域にはどのような被害が発生するでしょうか？　静岡県では、東海地震の発生により、予想される被害の想定を実施しました。

自主防災関係資料

医療機関・医師等との協働はどのようなことが考えられるの？

東海地震のような大規模災害時は、一度に多数の負傷者が発生し、通常の医療行為が不可能となります。このため、地域に設置される救護所では、緊急度の高い負傷者から優先的に治療が行われるようトリアージ（治療の優先度判定）が行われます。

自主防災組織は、負傷者の搬送やトリアージへの協力が求められます。また、救護所が混乱しないよう、明らかに軽傷と判断できる負傷者の応急手当は、自ら処置しなければなりません。

医療機関等との連携は、地域住民の生命にも関わりますので、日ごろからの取組が重要です。

なお、自主防災組織の皆さんは、いざ発災時に負傷者を搬送する救護所や救護病院の場所を事前に把握しておかなければなりません。一度に多数の負傷者を抱えパニックにならないように心がけましょう。

ここがポイント

◎トリアージとは、災害により多数の負傷者が発生した場合、負傷の程度によって治療や搬送の優先度を決めることで、重傷者（赤）、中等傷者（黄）、軽傷者（緑）、死亡または全く助かる見込みのない重篤な者（黒）に分類され、（　）の色で表示された識別札で判別される仕組みになっています。

◎医療機関等との連携や救護所に関することについては、各市町村にお問合せください。

9

東海地震のように広域的に被害が及ぶ災害には、地域住民自らの組織的な防災活動が重要です。自主防災組織の役割や基本的な活動内容等についてまとめました。この中の自主防災活動マニュアル報告書↓協働による自主防災組織の活性化をめざして↓協働の基本的な考え方（Q&A）の9ページを89ページに紹介

・静岡県医師会のホームページ

平成18年度　静岡県医師会　事業計画……下記の記述が有るだけでした。

2. 災害時医療救護

（1）救急医療対策委員会の開催及び静岡県救急医療対策協議会への参画により、災害時の医療救護体制を検討するとともに、広域救急患者搬送体制の構築に協力する。

（2）中部各県医師会と連携し、広域災害時医療救護体制の整備に協力する。

（3）静岡県警察協力医会と協力し、大規模事故及び災害発生時における緊急の検視活動を支援する。

（4）静岡県国民保護計画に基づき、指定地方公共機関として国民保護業務計画の策定を検討する。

第5章　中学生から始める救急蘇生教育

県西部浜松医療センター名誉院長・内村正幸

はじめに

病院外で発生した心筋梗塞、脳出血等の緊急疾患や地震災害による災害事故にて倒れ、心肺停止した患者に遭遇した時、患者救命に最も大きく効果を発揮する手段は「救命の連鎖」（119番通報～現場での救急蘇生～早期除細動～高度医療）が敏速に行われる事である。この「救命の連鎖」は、現場に居合わせた者が〝勇気を出して〟スタートし、救急車が到着するまで、正しい救急蘇生を続けることで救命率は大きく改善する。この事から、浜松市医師会では、平成7年発生した阪神淡路大震災の教訓と、同じ年から始まった中学生の週休二日制導入に着目して、全国に先駆け、土曜日の学外研修日を利用した「中学生のための救急蘇生講座」を開いてきた。この講座は医師会を中心に開業医、勤務医、救急隊、教育委員会が一体となって「人の命の大切さ」を伝えるべく、これからの社会を担う中学生に救急蘇生を体験実習してもらい、緊急時の心肺停止患者に遭遇した時、救急車が来るまで、慌てず、正しい救急処置が出来るよう訓練する講座である。開始して12年が経過して、熱心に受講した中学生は1万人を突破している。

1．講座のきっかけ

突然発生した災害事故や心筋梗塞、脳出血などの緊急疾患で倒れて、心肺停止した患者のもとに救急隊が駆けつけ、心肺蘇生を行いながら救急病院に搬送しても、蘇生に成功せず死亡する、いわゆる「病院到着前心停止患者」の救命率を調べてみると、先進欧米諸国の15～20％に比べ、我が国では1～2％と、かなり低い。この大きな理由は、現場に遭遇したものが直ちに行う心肺蘇生（バイスタンダーＣＰＲ）率の差によるもので、平成7年の統計では、欧米の50％以上に対し、我が国では13・1％、そして浜松市では12・1％であった。一方、フランス人「カーラーの救命曲線」では、人は心停止後3分で50％は死亡し、呼吸停止後10分で50％が死亡する。つまり、緊急時の心肺停止患者に対するバイスタンダーＣＰＲは救命の鍵となる。そこで、1年間に浜松市で発生する、現場で必要な心肺蘇生対象者はどれ位あるかを調査した。表1は平成17年度の浜松市における救急車の出動回数、及び、ドクタ

［表1］浜松市における救急車、ドクターヘリ出動回数

救急車出動（21隊）平成17年度　27,833回

ドクターヘリ出動回数

496回（平成16年）
538回（平成17年）

救急隊は救急要請から現場まで何分で来るか

A）救急車　6分
B）ドクターヘリ　18～20分

ーヘリ出動回数と現場における心肺蘇生対象者を示したものである。1年間の救急車出動回数は2万7833回、このうち現場で心肺蘇生が必要であった症例は582人（2・1%）と意外に多く、この比率は10年間ほぼ同率であった。また、浜松市ではドクターヘリも導入していることから、その出動回数は平成16年度496回、平成17年度538回と年次的に増加している。そして、要請を受けてから現場到着までの時間は、救急車で平均6分、ドクターヘリで18～20分となっていて、この事から見ても、発見してから5分以内に心肺蘇生が行われないと救命率は10%以下になる。

2.「中学生のための救急蘇生講座」の指導内容

表2は「中学生のための救急蘇生講座」の指導内容を示す。学外研修日を利用することから、学校内

施設は使用できず、学校区域の公民館を使用する。講座中の傷害に対しては傷害保険を掛けていて、原則として、開業医1名、勤務医1名、救急隊３名が指導にあたる。（この指導体制が大災害医療に大切である）。1回の講座受講生徒数は30～40名とし、午後1時30分～４時30分の３時間で、普通救命講習に分類される。（平成17年度からＡＥＤ＝自動体外式除細動器＝使用法の実習も開始）医師の講義は、自らの体験談を含め、「人の命の大切さ」について、２名の医師が担当して行う。ボランティアで参加する医師は浜松医大救急医学教授をはじめ、多くは救急専門医、日本医師会ＡＣＬＳ講習修了者である。実技終了後に30分間、生徒を含めた討論反省会を行い、講座は終了する。その後、医師会長、消防長、教育長連記の修了証を授与する。生徒のメリットとして、高校受験時内申書に受講したことを明記してもらえるよう、教育長の許可を得ている。

表3は現在までの講座回数、指導者数、対象中学校数を示したものである。平成18年度終了までに、３２７回の講座を開き、指導にあたった医師（延べ人数）は６０３人、救急隊員（延べ人数）は１０４２人である。対象中学校は平成16年までは旧浜松市公立中学校33校であったが、平成17年より2校が増加した。このうち1校の、静岡大学付属浜松中学校が参加することとなったきっかけは、平成16年9月発生した救急蘇生症例である。当時在学3年生

[表2]「中学生のための救急蘇生講座」指導内容
（午後1．30～4．30）

1）救急講座の目的（医師の講義）
　A)「人の命の大切さ」について
　B)緊急現場における救急蘇生手技
　C）大地震災害時等の応急処置
2）ビデオによる緊急現場の救急蘇生現状
3）救急隊、医師による救急蘇生実技指導
4）災害時外傷の応急止血法
5）反省会、終了証授与式

[表3] 現在までの講座回数、及び指導者数

開催講座回数	327回
指導者医師（延べ人員）	603人
指導救急隊（延べ人員）	1042人

1年間の対象学校数	
平成7～16年	33校
平成17年	35校
平成18年	42校
平成19年～	50校

［図１］「中学生のための救急蘇生講座」実績

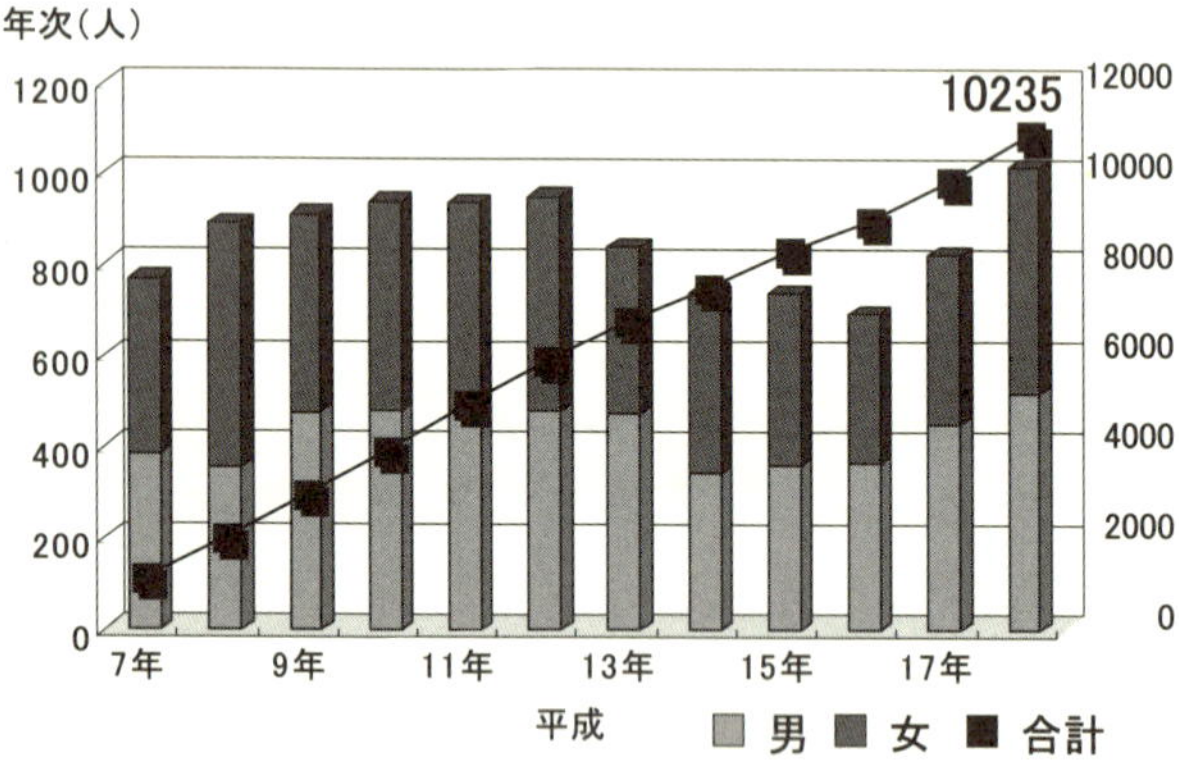

の男子生徒が体育の授業でマラソン中に運動場にて倒れ、心停止となった。この時、近くにいた体育教師および、同級生による心肺蘇生処置と駆け付けた救急隊のＡＥＤ操作にて蘇生に成功し、搬送された救急病院にて心臓手術を行い、術後は順調に経過して、翌年４月高校受験に合格するまで回復した。このことから、生徒会が中心となって、生徒たちに「中学生のための救急蘇生講座」への参加を呼びかけ、以来継続参加となっている。さらに、平成18年度からは、市町村合併に伴い７校が増加し、政令都市となる平成19年度からは、さらに10校が参加を希望している。図１は年次別受講生徒の推移を示す。例年、男女比はほぼ同一で、平成18年度終了時、受講生徒総数１万２３５名と１万人を突破して

いる。

３．浜松市における応急手当普及啓発活動の状況

病院外で突然発生した心肺停止患者の救命手段は、最初に発見した家族か一般市民の「救命の連鎖」からスタートする。

　このため、一般市民の役割を強化する取り組みが重要となる。表４は、平成17年度、平成18年度の浜松市における応急手当普及啓発活動状況を示す。平成18年度では、応急救護講習３８０回、普通救命講習２４８回、上級救急講習５回の計６３３回を開き、２万１２２人が受講している。「中学生のための救急蘇生講座」は、このうちの普通救命講習に含まれる。図２はバイスタンダーＣＰＲ率を全国集計と浜松市とで比較したものである。平成７年では全国平均13・０％に対し浜松市は12・１％であったが、日本医師会のＡＣＬＳ研修をはじめ、運転免許証授与時の救急蘇生講座受講義務化など、市民教育も広がり、徐々に上昇して、平成17年度では全国平均33・５％、浜松市31・８％まで上昇した。さらに、市民ＣＲＰの先進県とされる秋田県、島根県では40％以上に上昇しているが、全国的に見ると欧米諸国の50％以上には、未だ遥かに遠い。

[表4] 応急手当の普及啓発活動状況(新浜松市)

	2005年		2006年	
	回数	受講者	回数	受講者
応急救護講習	245	9,802	380	15,042
普通救命講習	148	3,390	248	4,972
上級救急講習	7	154	5	108
合計	400	13,346	633	20,122

[図2] 救急蘇生指標(応急手当の救命効果)の年次推移

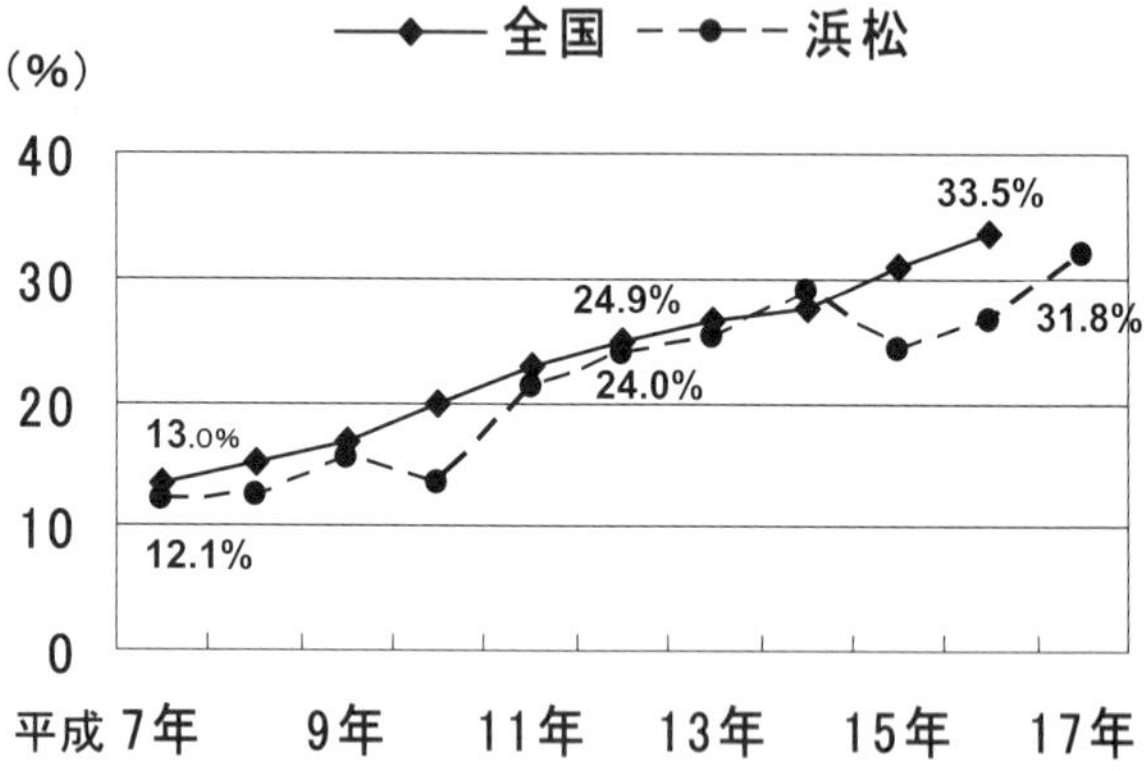

4．「中学生のための救急蘇生講座」に対する反応

今回、講座を開催した中学校の学校長または担当教師と受講生徒に対してアンケート調査を行い、講座の反応について検討した。

(a)学校長または担当教師のアンケート調査（回答率96％）

救急蘇生講座についてのアンケート調査では「今後も続けるべきか」の問いに対し、「継続すべき」91％、「どちらでも良い」6・8％、「中止すべき」2・3％であり、大多数の学校が継続を希望していた（図3）。反対した1校は「部活、塾の時間が大切」という理由を挙げていた。興味深いのは、10年前のアンケート調査結果とは、ほぼ逆転していることである。次に、「学校教育の一環と考えられるか」の問いに対しては、「大いに考えられる」50％、「どちらとも言えない」48％、「考えられない」2・3％、と半数は教育効果が高いと答えている。また、「大いに考えられる」と答えた中に、「自分にも何か出来るという意識が高まり、能動的な姿勢の育成、家族の一員としての自覚を高める教育的効果は高い」と付則された意見もあった。

更に、「受講した生徒は変化したか」の問いに対して、「変化した」63％、「特に変らない」37％で、「変化した」と答えた学校の意見として、「救命連鎖の大切さを強く感じ、理解した

[図3]

(1)　救急蘇生講座は継続すべきか？

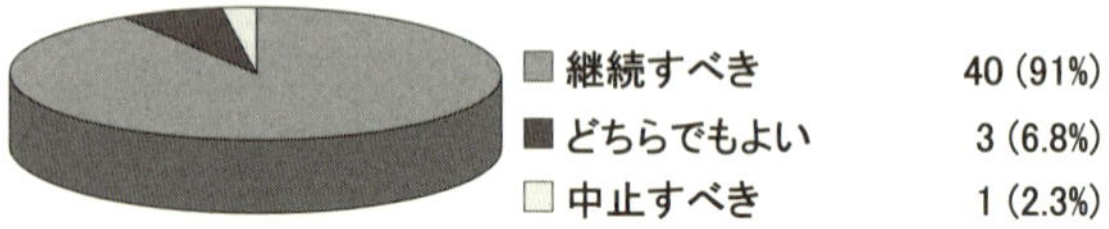

（部活、塾の時間が大切）

(2)　救急蘇生講座は学校教育の一環と考えられるか？

＊自分にも何か出来るという意識が高まり、能動的な姿勢の育成、家族の一員としての自覚を高める教育的効果は高い。

[図4]

(3)　救急蘇生講座を受講した生徒は変化したか？

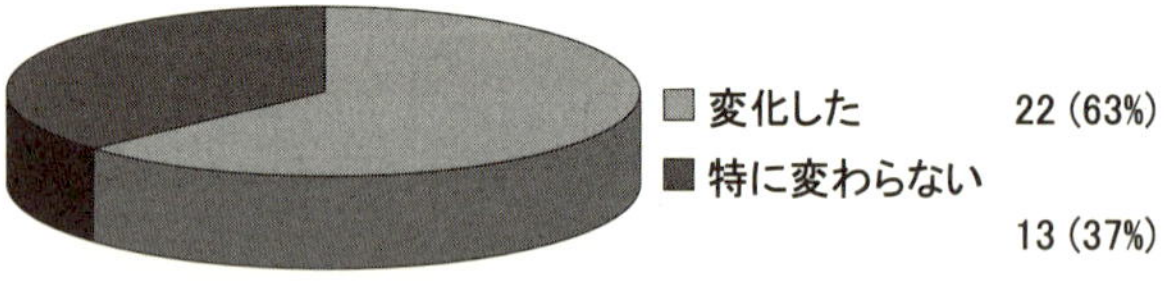

・上手に出来た事で自分に自信を持つ生徒が増えている

・救命連鎖の大切さを強く感じると理解した生徒が多い

・興味や関心が高まっている

・受講した生徒が道に倒れた人を救助した（119番連絡）

・受講が切っ掛けで、将来医療関係に進みたいと希望する生徒がいる生徒が多い」「学校帰りに偶然倒れた人を見つけ、救助した生徒が出たことは学校の誇り」と答えた学校もある。（図４）。

ＡＥＤについては現在既設の学校が28校あり、残り20校も購入を希望していた。

(b)受講生徒に対するアンケート調査

最近受講した生徒１２７人に対して、受講経験についてアンケート調査を行った。受講生徒で、過去にも受講経験のあった生徒は７％、初めて参加の生徒93％であった（図５）。さらに、救急蘇生講座を受講して、「今回の経験から緊急時に蘇生行為ができるか」の問いに対して、「できる」26％、「頑張りたい」69％、と多くの生徒が意欲的な答えをしていた。更に、ＡＥＤについては、「以前見た事がある」30％、「初めて見た」70％、であり、「ＡＥＤを使用する目的を理解できたか」の問いには、「理解できた」98％、「難しい」２％（図６）、「ＡＥＤの使用を緊急時に一人でできるか」の問いに対し、「できる」75％とコンピューターに強い現代っ子らしい回答結果となった（図７）。

考察

病院外で発生した心肺停止患者の救命にはchain of survival（救命の連鎖）の概念が知られている。すなわち、１１９番緊急通報～発見者による一次救命処置（心肺蘇生）～現場での

[図5]

（1） 救急蘇生講座の経験について

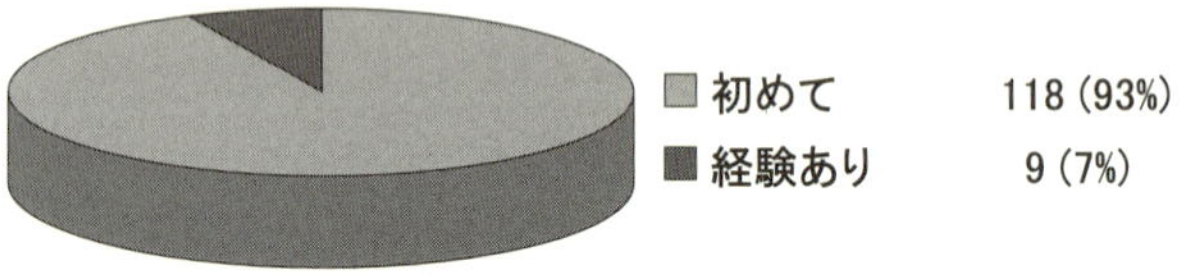

（2） 今回の経験から緊急時出来るか

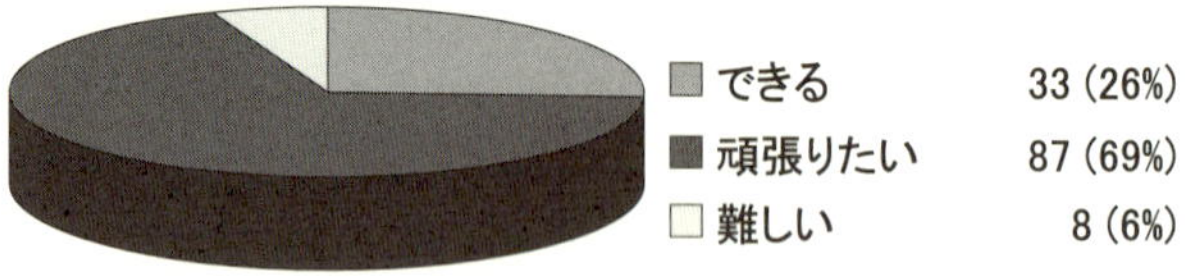

[図6]

（3） AEDを見たことはありましたか？

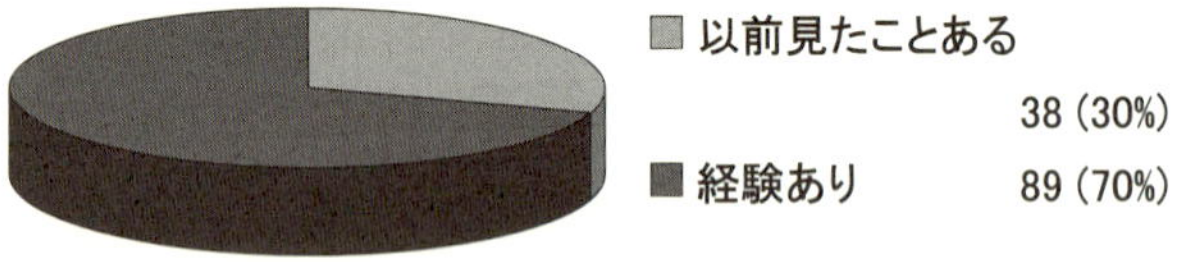

（4） AEDを使用する目的は理解できましたか？

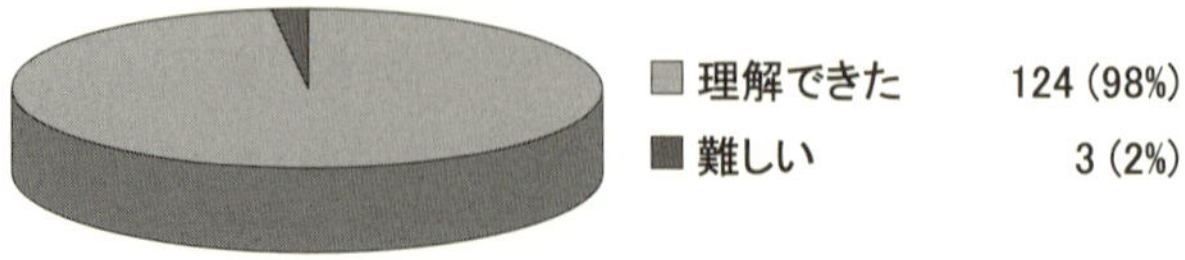

［図7］
(5)　AEDの使用を緊急時に一人で出来ますか？

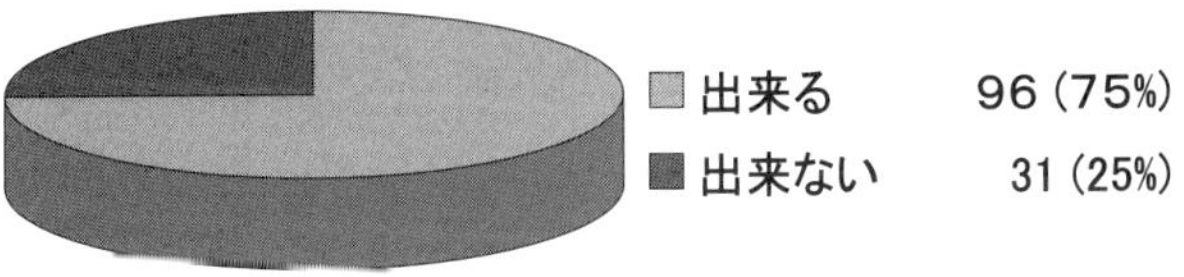

電気的除細動（ＡＥＤの使用）～、そして救急病院での二次救命処置、これらが速やかにまた的確に行われたときに、心肺停止患者を神経学的後遺症なく救命でき、社会復帰するうえで極めて重要な事である。この発見者による通報と現場における心肺蘇生の実施、ＡＥＤの使用は一般市民に対する普及活動が大きな効果をもたらす。この様な背景から、平成7年4月にスタートした中学生の週休二日制施行に着目して、土曜日学外研修日を利用した「中学生のための救急蘇生講座」に取り組んできた。スタートにあたっては、①医師会を中心に、開業医、勤務医、救急隊、教育委員会が一体となって「人の命の大切さ」を伝えるべく救急蘇生を体験実習させる、②強制参加でなく希望参加にする、③高校受験時内申書に参加記載をしてもらう、④講座修了書は医師会長、教育長、消防長名とすることを基本条件とした。継続してきた12年間を振り返ると、4つの基本条件を重視したことで、その指導体制が確立したと考えている。学校教育に救急蘇生講座を組み入

れ、実施されている地区も散見されるが、5年以上継続しているところはすくない。

幸い、われわれの企画は各学校長や生徒のアンケート調査にみられるように「中学生のための救急蘇生講座」は倫理教育の一環としても理解され、継続希望校が増えていることに、その意義を感じる。

おわりに

平成7年に発生した阪神淡路大震災の教訓から、中学生の週休二日制、学外研修日を利用して継続している「中学生のための救急蘇生講座」は、前述のとおり受講生徒数1万人を突破した。今後ともその意義を認識しつつ、「救命の連鎖」の更なる普及を目指すことが大切と考える。

［文献］

1. 総務省消防庁：救急・救助の現況　平成17年版、p48
2. 円山啓司、黒澤伸、稲葉秀夫：秋田県内の中学校、自動車学校における心肺蘇生に関する意識調査。救急医学　1996：20：977—976
3. 越智元郎、畑中哲生、生垣正、他：心肺蘇生の普及

救急医学　1999：23：1883―1887
4．山崎敏行、入江幸史、古川孝次、他：中国四国地方における市民CRPの現況報告。日臨救医誌　2004：7：280―284
5．上路一郎：大津市消防局における応急手当普及啓発事業。プレホスピタルケア　2001：14（4）29

第6章　その時、どうすべきか

―東海地震発生直後における市民との医療連携を再検証する―

浜松医科大学救急医学教授・青木　克憲

はじめに

阪神淡路大震災から12年経ち、その間に発生した種々の災害の経験を踏まえ、国を挙げて実効性のある災害対策が立てられつつある。しかし、それでも、ひとつの重要な問題が等閑にされている。それは、発災直後、市民の命をどのように守るか、生き残った市民と医療従事者との連携を具体的にどのように確保するかという問題である。発災直後、地元の公的救助は市民の元にすぐには届かない。国家的な救助体制が立ち上がるまでには、数時間から24時間かかるといわれている。中央防災会議は、東南海・南海地震発生時、19府県に12万人（静岡県内には1万７０００人）の応援部隊を派遣する計画を発表したが、発災後8時間以後としている（平成19年3月20日発表）。ＪＲ福知山線列車事故のような局地災害では、列車の中に医師が入って「瓦礫の下の医療」を行うことができた。しかし、医療施設を含め広い領域に甚大な災害をもたらす東海地震では、医師は災害現場にはすぐに行けない。そして、けが人が多数発生するのは、発災直後である。一人でも多くの命を救うためには、助かった者は共助の精神で家族や隣近所のけが人を救出し、けが人の状態を見極め、医療救護施設へ運ばなければならない。各市町の医療救護計画には、その搬送を担うものとして自主防災隊（市民）をはっきり指名している。市町の医療救護計画は、関係者だけが了解している計画であってはならず、広く市民に周知されなければならない。いざとなれば、数キロメートル離れた救護病院へ市民の手で搬送せざるをえないことを市民に知らせておく必要がある。最終章では、発災直後の市民との医療連携を確立するために、どのような問題を解決しておくべきか、市民と医療の両側面から考えたい。

1．市民側の問題

(1)行政に対する過剰な期待感

気象庁から観測情報が出た時、各市町の防災対策課が初動し情報収集を開始する。そして、注意情報（警戒宣言）が出た時は、段階的な非常配備が始まり最終的に全職員が防災業務につく。避難所等にも地区防災班員が集合する。その数は、県全体で1万人を超えると考えられる。また、震度6弱以上の突発時も、各自治体の全職員が指定された場所（避難所等）に参集する計画になっている。医療救護本部は、各市町の災害対策本部に設置され、保健福祉関係、病院関係の職員、さらには、地元の医師会・薬剤師会・歯科医師会・救護病院代表・看護協会などの医療関係者が集まり、救護所への救護班の派遣など医療救護に必要な対応が決定されることになっている。静岡県内には、19の災害拠点病院（そのうち基幹病院は静岡県立総合病院）、１４２の救護病院、５１８の応急救護所が指定され、それぞれの施設が、医療救護活動を分担する（平成18年4月1日現在）。このように、東海地震を想定した各地域の医療救護計画は災害対策基本法に則って信頼できるものになっている。関係する保健福祉・防災・医療関係の行政マンは献身的に地道に努力していられる。これら行政の日頃の努力を無にしないためにも、敢えて言わなければならない。「それでも、発災直後の公的救助は市民の元にすぐには届かない。」誤解しないで欲しいのだが、行政には限界があることを認識しなければならない。行政側からこのことを強調するわけには行かない側面もある。発災直後は、公助を待っては、時間的に助からないケガが発生する。阪神淡路大震災において、生き埋め状態の人の救出は、１／３が自力、１／３が家族、１／３が友人や隣人で、救助隊による救出はわずか１・７％であったとする報告がある（阪神・淡路大震災から学んだこと：兵庫県立西宮病院名誉院長　鵜飼卓先生）。発災直後、阪神淡路大震災と同じ状況になる可能性を否定できない。行政がすぐに助けに来てくれると過剰な期待を抱いてはいけない。

(2)防災倉庫の中身

われわれが住んでいる町の自主防災隊には防災倉庫があるが、市民が中を見る機会は少ない。発災直後、土砂に生き埋めになった人を救出するにはスコップがいる。崩壊した家屋の中に閉じ込められた人を救出するには、のこぎりやチェーンソーが必要である。そのほか、ハンマー、バール、ジャッキ、ロープ、担架などの救助用資機材、可搬ポンプ・消火器・バケツなどの初期消火用資機材、メガホン・簡易無線機等の情報伝達用資機材、担架・毛布・棒・リアカーなどの搬送資機材、応急手当用の救急セットなどが十分用意されているだろうか。私は全部の防災倉庫を見たわけではないが、一部の倉庫の内容はかなり貧弱である。しかし、浜松市に組織されている８００隊以上の自主防災隊に十分量の資器材を配布することは、市の予算上無理だろう。結局、各自治会の積立金の一部を回して備えるべきではないだろうか。

(3)防災訓練のあり方

毎年秋に行っている浜松市医療救護委員会主催の医療救護訓練では、市の保健福祉総務課のおかげで自治会をまとめていただき、自主防災隊主体の災害救助訓練が実現している。平成17年は佐鳴台1～6丁目、平成18年は鴨江町を中心とする連合自治会と一緒に訓練を行った。訓練の目的は、①現場で発生した様々な傷病をよく観察し、傷病者の情報を搬送表に記載し、応急救護所への搬送順位を考える、②現場から応急救護所へ傷病者を運ぶにあたり、傷病者の状態を悪化させない安全な方法を会得する、というものである。開始1時間前に模擬患者のメーキャップを開始する。事前に配布したシナリオを読みながら演技指導を行う（表1）。シナリオを見て、演技は無理と退かれる方もいるが、きめの細かい指導を行えば必ず納得していただける。同時に、ケガをしたらどのように扱って欲しいか、模擬患者の気づきを後で報告していただくことにしている。

訓練は、発災直後に救出された60人のけが人（模擬患者）が避難所に集められたという設定で開始される。模擬患者の内訳は表2に示す通りである。自主防災隊は、けが人の中に入り、現場での応急手当を行い、聴取可能ならば氏名・住所などの個人情報を搬送表に記入する（図1）。搬送表には、トリアージの手順が記載されている（表3）。そして、副隊長が集まり搬送順位を決める（図2）。優先順位順にけが人を担架に載せて、１００メートル先に設営された応急救護所へ向かうのであるが、担架がなくなれば、毛布と棒で担架を作成する（図

［表1］模擬患者さんに配布するシナリオの1例

あなたは、症例5です。ゼッケン5を付けてください。クラッシュ症候群です。メーキャップあります。

多数の傷病者の中から最も緊急性の高い患者さんを選び出す作業をトリアージといいます。皆様が迫真の演技をしていただくことで適切なトリアージを導いてください。模擬患者としての演技は、①現場救護所、②応急救護所の2回あります。①現場救護所では自主防災隊に、②応急救護所では、医師にあなたの演技とケガを見せてください。現場救護所から応急救護所への搬送は自主防災隊が行います。

倒れた家具に両大腿を挟まれ、約2時間後に救出され、ここに運ばれてきました。

症状　両大腿部に青いあざをメークし、腫れを作ります。両足がしびれて感覚が鈍くなり、動かすことができません。

観察　浅い呼吸で呼吸数28、脈拍数100／分あるいは爪の充血2秒以上、意識ぼんやりし(傾眠傾向)、自立歩行不能。

せりふ　さっきまで痛かったけど、だんだん足の感覚が鈍くなってきた。つねっても痛くない。長い正座をしてびりびりするあの感覚だ。喉が渇く。さっき、濃いおしっこが出た。はじめに、自分の氏名・住所を言えましたが、徐々に閉眼がちになり、質問に答えなくなります。

（観察項目の呼吸数・脈拍数は記入されたカードを持たせる）

［表2］模擬患者表（30例）

ゼッケン	想定診断	性別	独歩	メーク	意識	呼吸数	脈拍
1	脳卒中	男性	不可	なし	痛み反応無し	15	65
2	気胸	男性	可	胸部皮下気腫	清明	30	120
3	胸痛（狭心症疑い）	男性	可	なし	清明	15	80
4	胸部打撲	男性	可	胸部腫脹	清明	15	75
5	クラッシュ症候群	男性	不可	両大腿腫脹	ぼんやり	30	100
6	頚髄損傷、右上腕挫創	男性	不可	右上腕の挫創	清明	15	45
7	見当識障害	男性	可	なし	見当識障害	15	85
8	興奮状態	男性	可	なし	清明	30	80
9	全身熱傷（大人）	人形	不可	全身熱傷	なし	5	触知不可
10	頸部痛	女性	可	なし	清明	15	75
11	腸管脱出	男性	不可	腸管脱出	清明	15	100
12	頭部打撲	男性	可	側頭部裂傷	清明	15	70
13	妊婦破水	女性	可	妊婦破水	清明	25	90
14	左下肢挫傷	女性	可	左下肢挫傷	清明	15	85
15	クラッシュ症候群	男性	不可	両大腿腫脹	ぼんやり	30	100
16	腹痛	男性	可	なし	清明	15	75
17	頸部痛	女性	可	なし	清明	15	90
18	眼外傷	男性	可	右目にガラス片	清明	15	90
19	右上肢開放性骨折	女性	可	右上肢開放性骨折	清明	15	70
20	腰部打撲	男性	可	腰部腫脹	清明	15	90
21	左手首切創	男性	可	左手首切創	清明	20	86
22	感冒	男性	可	なし	清明	15	75
23	両下肢捻挫	男性	不可	両下腿打撲	清明	15	90
24	階段から転落し胸部外傷	男性	不可	胸部打撲、チアノーゼ	清明	28	90
25	運転中、落下物の下敷き	男性	不可	鼻出血、眼周囲が紫	傾眠	14	52
26	閉塞性肺疾患で在宅酸素療法	女性	不可	なし	傾民	34	124
27	ガラス片で左足付け根出血	男性	不可	大腿付け根出血	清明	28	110
28	左足大腿骨開放性骨折	男性	不可	大腿骨開放性骨折	清明	19	90
29	群集の下敷き、腰痛	男性	不可	腰部打撲	清明	24	90
30	家具転倒、下肢打撲	女性	可	右下肢打撲	清明	18	88

[表 3]　自主防災隊に配布される傷病者の搬送表

傷病者の搬送表

#	氏名	年齢	男　女
住所		電話	
搬送開始時刻 月　日午前・午後　時　分		自主防災隊員氏名	
現場救護の自主防災隊名	搬送した応急救護所名		

クラッシュ症候群の有無

1. 柱や壁などに手足を2時間以上はさまれていたか？　(　　)はい(　　)いいえ

→(はい)ならばすぐに救護病院へ(赤タッグ)

傷病者の観察

1. 呼吸があるか？　(　　)はい(　　)いいえ
2. 呼吸回数は1分間に30回未満か？　(　　)はい(　　)いいえ
3. 爪を押して2秒以内に充血するか？　脈が触れるか？(　　)はい(　　)いいえ
4. 手を握って・目を開けての指示に従うか？　(　　)はい(　　)いいえ
5. 支えてもらって歩けるか？　(　　)はい(　　)いいえ

→全部(はい)ならば応急救護所(緑タッグ)、ひとつでも(いいえ)があれば救護病院へ(赤・黄)

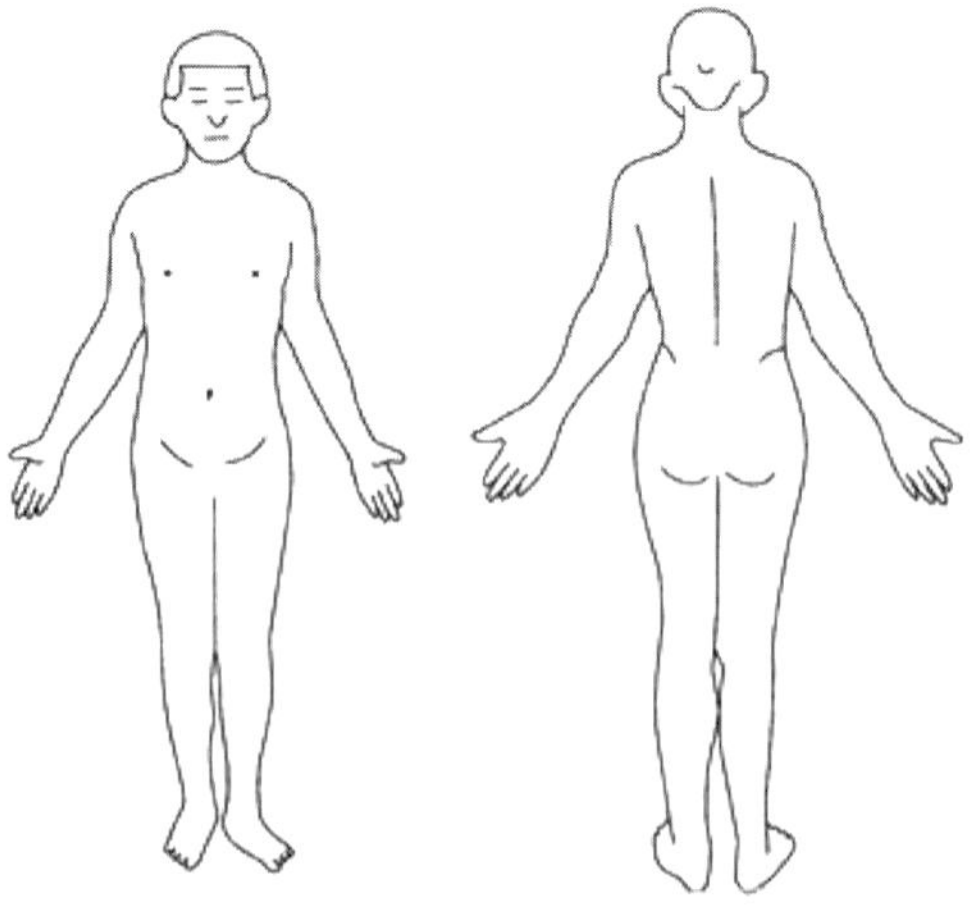

［図1］情報の採取と応急手当

［図2］副隊長による搬送順位の決定

［図３］毛布と棒による担架の作成

［図４］６人の手によるケガ人の搬送

3）。それも無くなれば、6人の手で運ぶことになる（図4）。

「2、3km離れた病院まで運べって本当ですか？」という質問が必ず出る。訓練に参加して、はじめて、ことの重大性を認識していただくことになる。救助者側から出される意見には、そのほかに次のようなものがある。

1．パニック状態でのリーダーの明確な指示が重要であることを認識した。

2．けが人への励ましや処置など実際には何もしてあげられないことがもどかしかった。

3．応急担架の作成法、ヒューマンチェイン（2人で手を組んで運ぶ方法）など参考になった。担架による搬送は重いと実感した。

4．発災時、救助のためにこれだけの人が集まるか不安である。定期的な訓練が必要である。

5．会得したい応急手当として、クラッシュ症候群や生き埋め救出者の応急手当、けが人の重症度の見極め方、倒壊家屋からの救出方法、階段での傷病者の搬送法などがある。

6．高齢者の役割として、町内、災害対策本部への連絡ができる。

また、模擬患者からの意見には、次のようなものがある。

1．救助は、相互に声をかけあうことが必要である。とくに、軽症患者にも早く声をかけて存在を忘れていない配慮を示すべきだ。高齢者は声をかけるが搬送する力がなく、若くて力のある人たちが声をかけられず指示待ちの状態だった。

2．軽症の人、動ける人は救助に参加すべきである。

3．何をすべきなのか戸惑って、見るだけで何もしない人が大勢いた。ばらばらで統制が取れていないように見えた。

4．意識のない患者ほど放置されていた。

5．現場のスペースが狭くて患者を踏んだりして新たな災害が起こるのではと思った。

6．トリアージとは納得のいかない仕組みだ。この考え方を住民に周知すべきだ。

7．担架が揺れて気持ち悪かった。

8．近所同士の信頼関係の構築が大切だ。

訓練を経て得られた感想は貴重である。絶対的に経験不足である事象に対して、われわれは、平時と同じような対処をすることはできない。だから、準体験として位置づけられるようなインパクトのある訓練が必要なのである。しかし、各地の市民参加訓練は、倒壊した家屋の中からの人形の救出、バケツリレー、消火器の使用方法、応急救護所の医師によるトリアージや簡易トイレ設営の見学、最後に炊き出しのにぎりめしを食べるというパターン化されたものが踏襲されているように思える。主催者はこのような展示型訓練を止め、住民主体の実践的な訓練を計画すべきである。第2章で安田先生が書かれているように、自主防災隊が応急救護所を立ち上げ、積極的に管理する勢いを持たなければと思う。

(4)市民によるトリアージ

発災直後から医療救護計画は実施に移される。各市町の医療救護計画には、「トリアージによる効率的な活動を医療救護活動の基本とする」と明記されている。公的救助を期待できない発災直後は、被災現場に集まったけが人をどのような順番で運び出すか、市民による常識的な選択、トリアージ的な優先順位の決定がなされるべきと私は考える。しかし、市民によるトリアージには、賛否両論がある。

市民へのトリアージ指針は有害無益である。なぜならば、一般市民に重症度判断は無理である、日常生活上の常識的判断にゆだねるしかない、もし、市民がトリアージをした場合、あとで、なぜ俺を後回しにしたと村八分になる、あるいは袋叩きの目に合うだろう、多くの人に、軽症者は後回しにされるという理解は得られないだろう、というのが反対論者の意見である。

トリアージとは、災害によって多数の負傷者が同時発生し、医療需要と医療資源（器材とマンパワー）との間に不均衡が生じた場面で、１人でも多くの負傷者を救命することを目的に、すべての負傷者について、重症度と治療の優先順位を決める作業をいう。軽症者は後回しにされる差別化ルールは、多くの市民に周知しておくべきである。

現場の避難所に傷病者が運び込まれてきたが、その数は自主防災隊の救助者数に比べ圧倒的に多数だ。ここに、医師や救急隊員はいない。どの人から医療救護施設へ運ぶべきか、判断しなければならない。端っこから来た順に運び出すか？　知っている人から運び出すか？　それでは、助かる人も助からなくなる。常識的に、やはり、今最も治療を必要とする人から運び出すべきだ。それでは、最優先に搬送すべき救命可能なケガ人はどの人なのか、トリアージの手順にしたがって探し出そう。

自立歩行できる人は、応急救護所まで歩いて行ってもらう。歩けなくても、意識・呼吸・脈がしっかりしていて、ケガによる出血も見られなければ、緊急治療を必要とせず重症度も低いと判断されるので、待機してもらい、肩を貸す救助人が現れるまで待ってもらう。Ａさんは、意識はしっかりしているが、お腹を痛がっていて、呼吸回数も多く脈も弱く冷や汗が見られる。直ちに救命処置を要するケガだ。他の救助者からもデータを集め、Ａ・Ｂ・Ｃの３人を最初に運び出すこととする。残りのけが人は、数時間以内に処置をしても救命は可能だ。だから、現場に残る救助者で手当てをするように隊長が指示する。Ａ・Ｂ・Ｃの３人は、応急救護所ではなく救護病院へ搬送する。

現場にトリアージの考え方を導入することにより、多数の負傷者を重症・軽症にグループ化することができ、手当てや搬送の効率的な流れを作ることができる。また、緊急に治療を必要とするもののグループ化で、救助者全体に共通認識を持たせることができる。さらに、現場で得た個人や負傷に関する情報を救護施設へ伝達すれば、より確実な情報内容となる。

トリアージをすることにより、騒がしい人よりも静かに横たわる人に注意するようになる。派手な外傷より隠れた重度損傷の発見に努められるようになる。また、すべての損傷を確認する必要がないことに気づく。絶望的に重篤で生存の見込みが無いと考えられるとき、その確認に長い時間をかけてはいけないこともわかる。そして、軽症の人にも、暖かい励ましをする必要が認識できるようになる。また、ケガだけではなく、災害を契機に急病に襲われた人も認識できるようになる。このように、トリアージの実践は、現場の混乱を冷静に対処する目を養わせ、混乱に一定の秩序をもたらす可能性があると思われる。

以上から、私は市民のトリアージを容認したいと思う。できれば、災害医療に携わる医療従事者は、自分の所属する病院や診療所の医療圏に住む自主防災隊と普段から顔馴染みになり、あの人の判断ならば大丈夫だといえるような間柄を平素から確立したい。

(5)市民の会得すべき15の項目

ここでは、自主防災隊員に会得して欲しい15項目をあげる。

1．倒れている人の意識レベル（状態）の判定法

意識レベルの評価には、意識を覚醒・認識・反応の3要素に分け判定するが、そのうち、覚醒を重視して意識障害を3段階に分けるジャパンコーマスケール（Japan Coma Scale;JCS）が容易である（表4）。意識レベルは、開眼の有無で判定する。自発的に目を開け、自分自身の氏名や住所が言える場合、意識レベルは正常に近いと判断してよい(Japan Coma Scale 1桁)。しかし、目を閉じていて、声かけあるいは肩を揺さぶって辛うじて目を開ける状態は、意識レベルが低く危険な状態と判断される(同2桁)。さらに、爪を強く押して痛み刺激を加えても開眼せず、両手両足が少し動く程度、あるいは、まったく動かない状態は昏睡と考える(同3桁)。

［表4］意識レベル（状態）の判定

・日常の救急医療では、意識レベルの低下が見られたら、すぐ、救急車を呼ぶ。災害時は、応急救護所か救護病院へ運ぶ必要がある。

・Japan Coma Scale

Ⅰ (1桁) 呼びかけなくても自発的に開眼し会話ができる。

Ⅱ (2桁) 呼びかけたり、揺さぶったり、痛み刺激で初めて開眼する。

Ⅲ (3桁) どんな刺激をしても開眼しない状態。

[図5] 生命維持システム

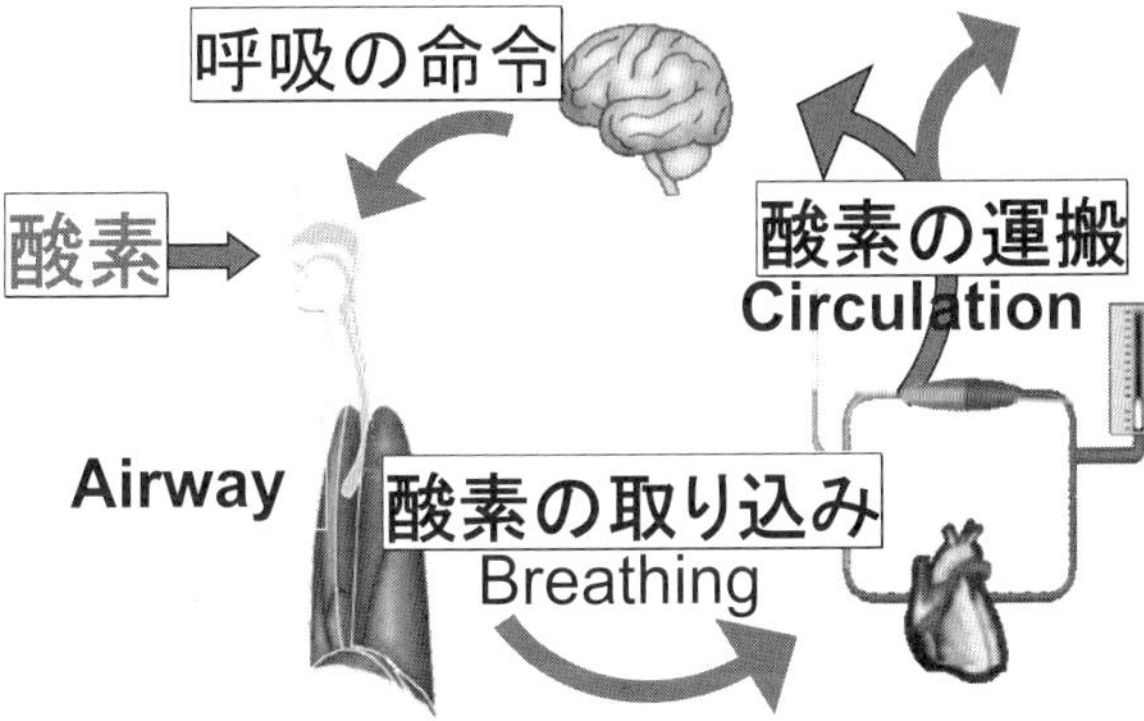

2．傷病者の観察と、その見極め方

目の前に生きている人が、生命維持の仕組みに破綻をきたしかけているのか、いないのか短時間で見極める必要がある。

命の仕組みについて簡単に述べる。私たちは、エネルギー源として、酸素を空気中から体内に取り込むことで生命を維持している(図5)。酸素を体内に取り込むためには、まず、外界から肺までの酸素の通り道、すなわち気道が開通している必要がある。気道が開放していれば、次に、肺の呼吸運動で、酸素が吸収され、血液中の赤血球の中にあるヘモグロビンに酸素が結合する。次に、酸素を含んだ血液は、心臓のポンプ作用で、全身に循環する。この3つの重要なステップを英語で表現すると、気道（A：Airway）、呼吸（B：Breathing）、循環（C：Circulation）で表わされる。そして、十分な酸素が脳に補給されて脳の神経機能が維持され、脳から呼吸の命令が出て、私たちは無意識的に呼吸運動を繰り返す。このように、ＡＢＣの支えで脳が働き、このつながりがひとつの輪になって、意識ある生命が活動している。生きていることの基本的な把握は、気道・呼吸・循環・意識の状態を見極めることであり、どれかひとつでも異常があれば命の仕組みが破綻している可能性を示している。どんな修羅場でも、まずＡＢＣを思い出すことである。救助者の五感をフルに利用して、ＡＢＣの異常の有無をさがす。

3．市民による一次救命処置

消防署や日赤病院で一次救命処置を受講し災害時に応用することが必要である。Basic Life Supportは一次救命処置と日本語訳されているが、これは、日常生活の中で突然生じた健康危機に市民が即座に判断し、とるべき行動をまとめたプログラムである（図6）。市民と医療従事者との連携（Chain Of Survival）は、救命の鎖、あるいは、救命リレーと訳されている（図7）。意識のない人を見つけた場合、まず１１９番通報、次に、心肺蘇生法の実施、ＡＥＤがあれば除細動の実施、そして、救急隊による救命処置の実施の４つの輪が切れ目なく迅速に繋がると、それ以後の病院での治療がうまくいくことが明らかになっている。

[図6] BLS（Basic Life Support）

呼びかけて反応が無かったら

A：Airway　気道確保
B：Breathing　呼吸確認、人工呼吸
C：Circulation　心臓マッサージ
D：Defibrillation　除細動（AED）

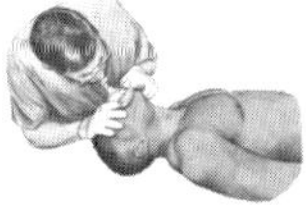
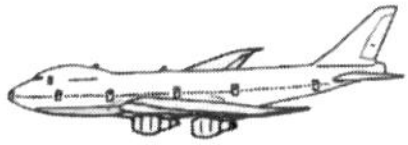
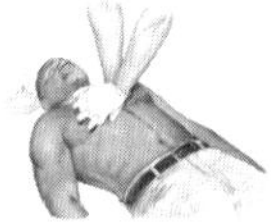

[図7] Chain of Survival（救命リレー）

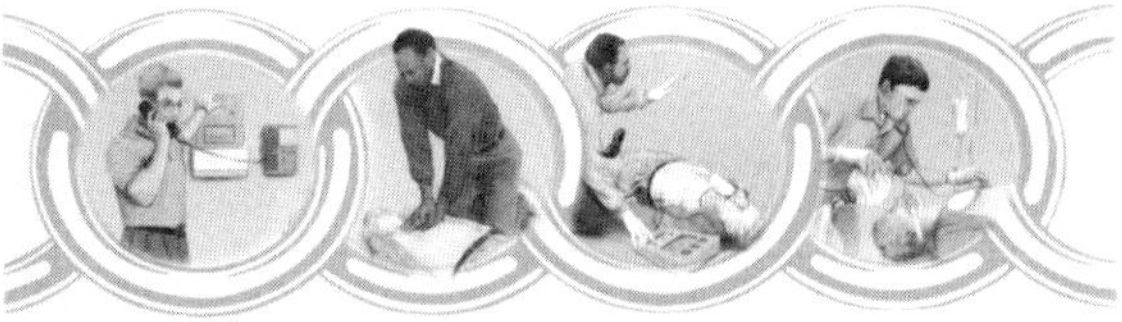

一次救急処置（Basic Life Support）

救急医療を現場から始めることを、プレホスピタルケア（病院前医療）という。災害時も日常の救命リレーを実践することにほかならない。

4．三角巾や身の回りのものを利用した応急手当

傷にはあてものをあてる。感染防止、止血、固定による苦痛の軽減が目的である。ガーゼが理想的だが、ハンカチ、手ぬぐい、タオル、風呂敷、シーツ、ワイシャツ、ネクタイ、コンビニ袋などで代用できる。三角巾は広範囲の傷や関節の被覆など簡単にすばやく巻くことができ救急用に最適である。全身のどの部位にも当てることができるので是非マスターして欲しい。止血は直接圧迫法で行い、可能ならば心臓よりも高い位置に固定する（図8）。小さな傷でも一滴たりとも無駄に血液を地面に落とさないようにする。直接圧迫法で止血困難の場合は、出血部より中枢側で止血帯を巻く。緊縛の解除は30分毎に行う。不適切に本法を行うと、かえって静脈出血を助長するので、受講者が行うべきである。

四肢の変形、腫れ等は骨折を疑い、直ちに固定をして組織損傷の進行を防ぐ。固定することにより、骨折端からの出血予防、神経・筋肉・血管への傷害の最小限化に加えて、疼痛の軽減が得られる。固定には、副子（シーネ）が必要だが、身の回りのもの（週刊誌、新聞紙、傘、ビデオテープ、木片など）で代用できる（図9）。骨折部の上下の関節まで含めて固定する。

[図8] 直接圧迫止血法

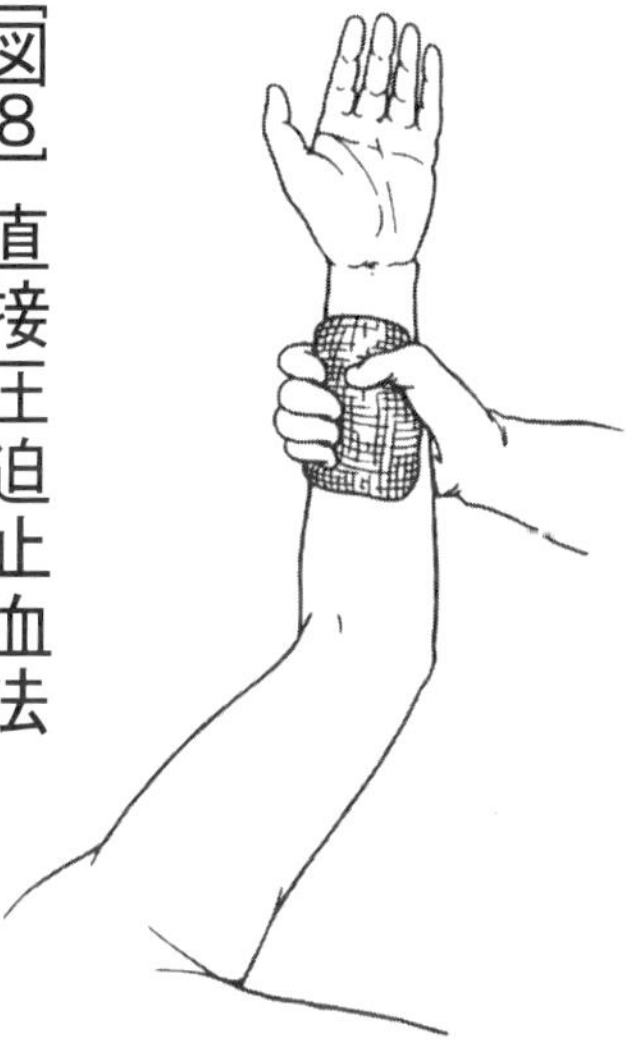

[図9] 週刊誌を使った固定

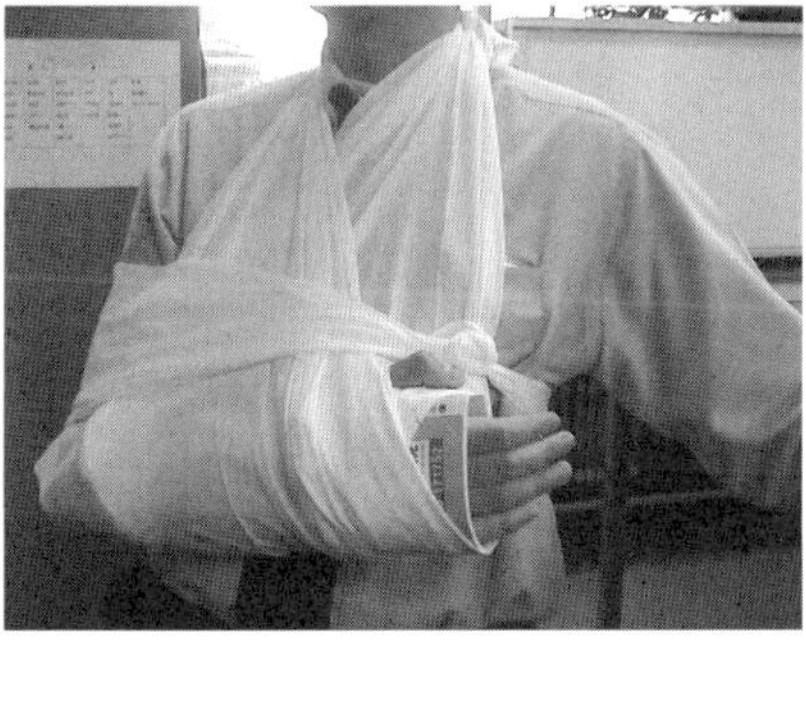

[図10] スタート（START）法
(Simple triage and rapid treatment)

トリアージカテゴリー	歩行	呼吸	脈拍	意識レベル
黒	歩行できない →	無呼吸		
		↓		
赤		＞30回／分 ＜9回	触れない	応じない
		↓	↓	↓
黄		10～30回	触れる	応じる
				↓
緑	歩行可能			介助で移動可能

5．けがの進行を食い止める適切な体位、保温のとり方

搬送順番を待つ間、ケガ人にとって一番楽な体位をとらせ保温に努める。水平仰臥位あるいは軽く頭を高くする。体温低下は、血を止まらせにくくするので、覆布、毛布などで被覆することが必要である。

6．現場、避難所等でのトリアージ

トリアージは、世界共通のスタート法を使う（図10）。気道・呼吸・循環・意識・体表面のケガ・自立歩行の有無を観察する。まず、深呼吸できるかを聞く。発声が明確で深呼吸できれば気道・呼吸器に大きな問題はない。呼吸数が毎分30回を越えるような場合は危険な状態と考える。次に、親指側の手首をつかみ、橈骨（とう

こつ）動脈の脈がしっかり触れるか調べる。あるいは、親指の爪を5秒押してパッと離し2秒以内に赤み（毛細血管）が戻るか調べる。同時に、手首の皮膚蒼白、冷や汗の有無を観察する。もし、脈の拍動が触れにくかったり、手が冷たく冷や汗があったり、あるいは、爪下の毛細血管の戻りが2秒以上要するときは緊急に治療を要する状態である。意識レベルは、前述のように、声の呼びかけ、あるいは肩を揺さぶるなどの刺激に対してしっかり反応するかで判断する。体表面に出血する傷（創）があれば、タオルなどで直接圧迫止血する。気道・呼吸・循環・意識・出血の1項目でも緊急に治療を要する状態であれば、直近の救護施設へ搬送する。自立歩行可でも、気道・呼吸・循環・意識をしっかり観察することが必要である。手足の擦り傷程度で歩行可能ならば、家庭内か、あるいは、遅れて開設される避難所の救護所でも済む。全身状態は良いが骨折で痛みが強い場合、応急救護所へ連れてゆくべきである。

7．頭部にけがをした人や墜落した人の頸部固定

頸部の過度の伸展・屈曲・回旋・牽引などで頸椎損傷が疑われるとき、頸部を中立位に救助者の両手で固定する。痛くて中立位を取れない場合は、一番楽な位置で固定する。移動時には、戸板などに載せて、脊椎全体を頭から骨盤にいたる長い1本の骨としてロープなどで

[図11] 頸部固定法

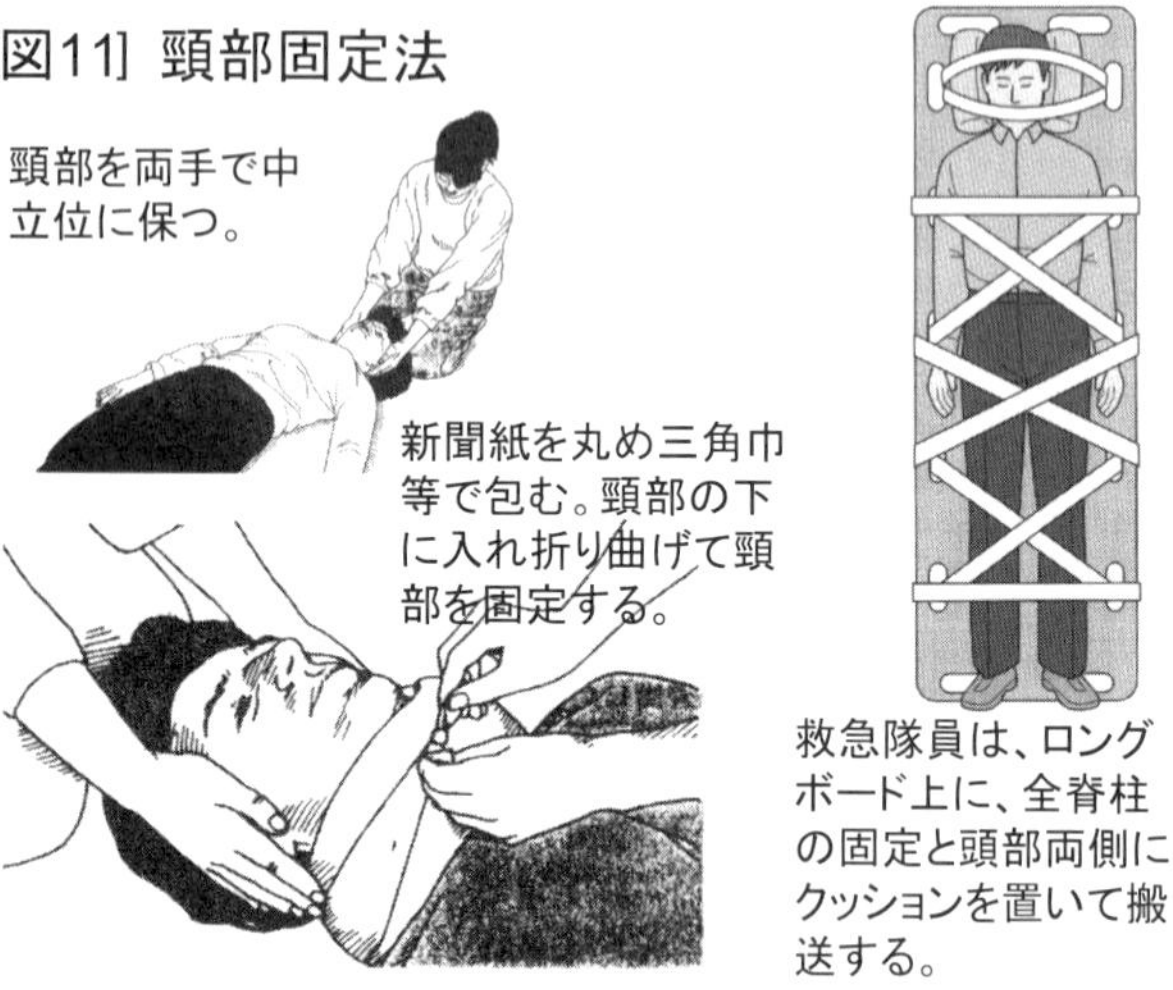
頸部を両手で中
立位に保つ。
新聞紙を丸め三角巾
等で包む。頸部の下
に入れ折り曲げて頸
部を固定する。
救急隊員は、ロング
ボード上に、全脊柱
の固定と頭部両側に
クッションを置いて搬
送する。

固定し、全身を動かさないようにする。頸部の固定は、まず救助者の両手あるいは両膝を用いる(図11)。固定器具が無い場合、巻きタオル、丸めた新聞紙などで固定し、頸部の両側にタオル、クッション、毛布などを当て固定する。頸部を固定する配慮が、二次的な脊髄損傷への進行（四肢麻痺）を防止する。

8・クラッシュ症候群、緊張性気胸の病態

クラッシュ症候群については、第2章、第3章を参照されたい。緊張性気胸は、胸にガラスが刺さったり、あるいは打撲で肺に穴が開き、胸腔という肺を収容している閉鎖空間に、肺から漏れた空気がたまって、

胸腔内の圧力が高くなった状態をさす。患者が1回呼吸するたびに胸腔内圧が上昇して反対側の肺を圧迫するようになり、呼吸困難や突然死をもたらす。胸腔内に針を刺して脱気するだけの簡単な処置で救命可能な傷病である。急激な経過をたどる場合は30分で死亡する可能性があり、クラッシュ症候群とともに、最も緊急性の高いケガである。

9．被災状況、傷病経過、個人情報（家族の連絡先）の記録

これらの情報は、応急救護所や救護病院において、医師・看護師・地区防災班員などから再度聴取され、トリアージタッグに記入される（図12）。だから、現場で聞く必要はないという理由にはならない。やはり、現場からもたらされた情報は正確である。市町の対策本部が望む情報でもある。

10．食糧・水の備蓄

食糧は非常食3日分を含む7日分、飲料水は3リットル×7日分×家族の人数分をポリタンクに確保する。さらに、家屋の耐震化、窓ガラスの補強、家具の固定など家族の安全を確保して初めて自分の救助活動が成立する。

11．防災倉庫に保管している救急資器材の扱い方

のこぎり、チェーンソー、ハンマー、バール、ジャッキ、ロープ、担架、リアカーなどの

[図12] トリアージタッグ

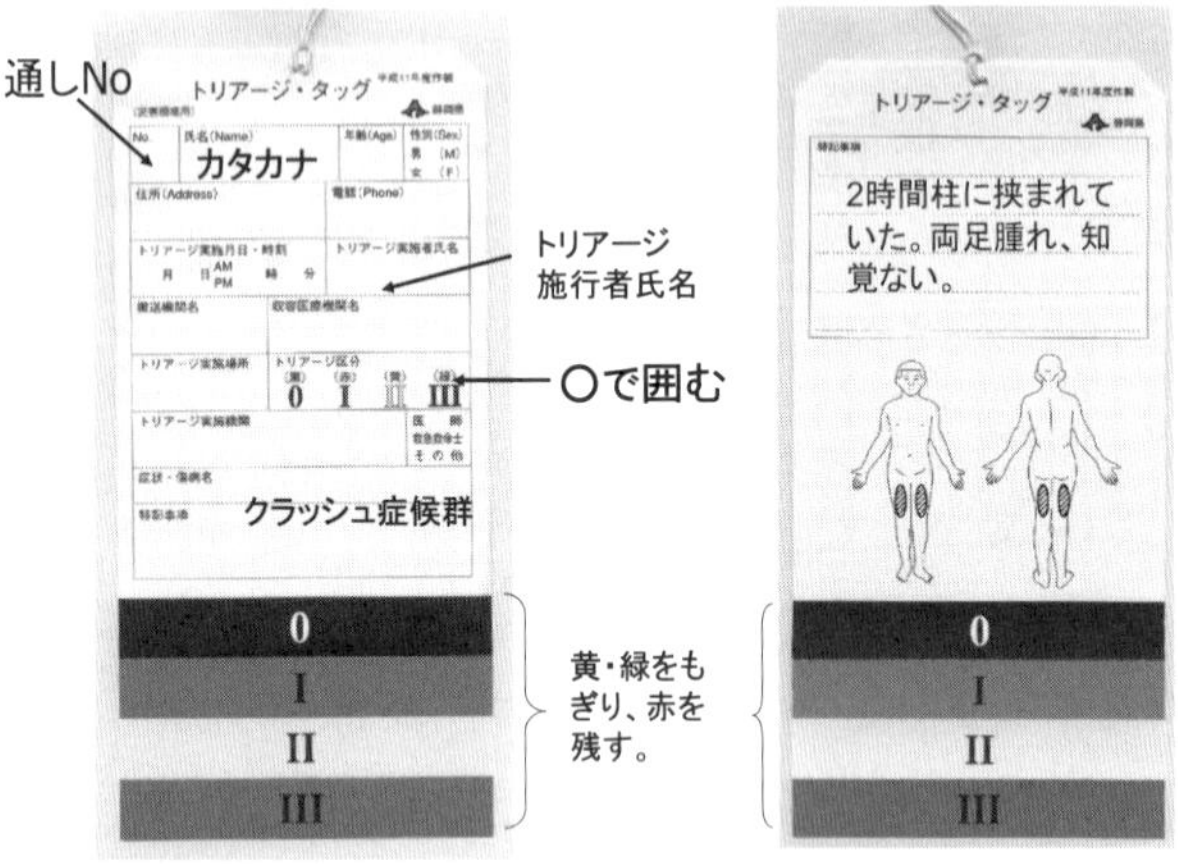

救助用資機材、可搬ポンプ・消火器・バケツなどの初期消火用資機材、メガホン・簡易無線機等の情報伝達用資機材、応急手当用の救急セットなどの使用法に通暁しておく。

12．AED（自動体外式除細動器）の使用法

AEDは県内にかなり普及し、日常的に目に触れることが多くなった。BLSに含まれるAEDの使用は災害時においても必須の救命手段である。AEDの使用は、単に生命危機への対処技術を習得するという意味だけではなく、それは市民の義務であり権利である。是非BLS講習会で学んでいただきたい。

13．在宅ケア処置

一人暮らしの高齢者、慢性閉塞性肺疾患患

者に対する在宅酸素療法および在宅人工呼吸療法患者、さらに、肢体不自由児、在宅経腸栄養施行者、視聴覚障害者、透析患者、食物アレルギーなどアレルギー疾患を持つ子供たちなど災害時要援護者については、要介護者台帳に登録し、自主防災組織の人材台帳に登録された適任者あるいはボランティアとの連携を平素から行う。

14．けが人の搬送法

正しい搬送法の会得は、傷病者の状態を悪化させないために重要である。以下に示す搬送法は消防署の応急手当講習テキストを参照されたい。

a．救助者が1人の場合

・片足のケガで意識があり、介助により歩行が可能であれば、けが人の傷害されている側に立ち、けが人の腕を自分の肩に回し、空いている手で患者の手を握る。反対側の手をけが人の腰に当て、その場の洋服をつかむ。救助者の合図で外側の足から歩行を開始する。

・けが人が起き上がれない場合、けが人の頭側にしゃがみ、救助者の両腕を肩の下に入れ、けが人の両脇を把持して地面に沿って引きずる。上着を引っ張っても良い。可及的に頚部の固定を意識する。毛布があれば、毛布でけが人を包み込み、足側をしばり、頭側から地面に沿って引きずる。

b．救助者が2人の場合

・意識はしっかりしているが、自立歩行不可能な場合、2人でお互いの手首を互い違いに組み合わせて椅子を作り、けが人を座らせ搬送する。あるいは、けが人の両側に立ち、けが人の背中と大腿部の下に手を差し入れ、お互いに手首を握り合い、足から持ち上げ搬送する。

・1人が患者の後ろに位置し、両手をけが人の肩の下から両脇に差し入れ、けが人の交差した両手をつかむ。もう1人は横に位置し、けが人の背中と両大腿の下に手をいれ持ち上げる。けが人を椅子に座らせ2人で運ぶ方法もある。

c．救助者が4～6人の場合

・けが人の両側に2～3人位置し、肩・腰・膝の下に手を差し入れ、頭側にいるリーダーが、頭と肩を支え、気道の確保および腰・ひざの保持を確認して持ち上げる。

d．担架の作り方

毛布の1／3の位置に棒を置き折り曲げる。折り曲げた毛布の上に棒を乗せ、残った2／3の毛布をその棒の上にかける。これにけが人を乗せ、約10ｃｍほど地上から上がったところで一旦安全を確認し、大丈夫ならば、救助者の腰の高さまで持ち上げて搬送する。

[図13] 図上訓練

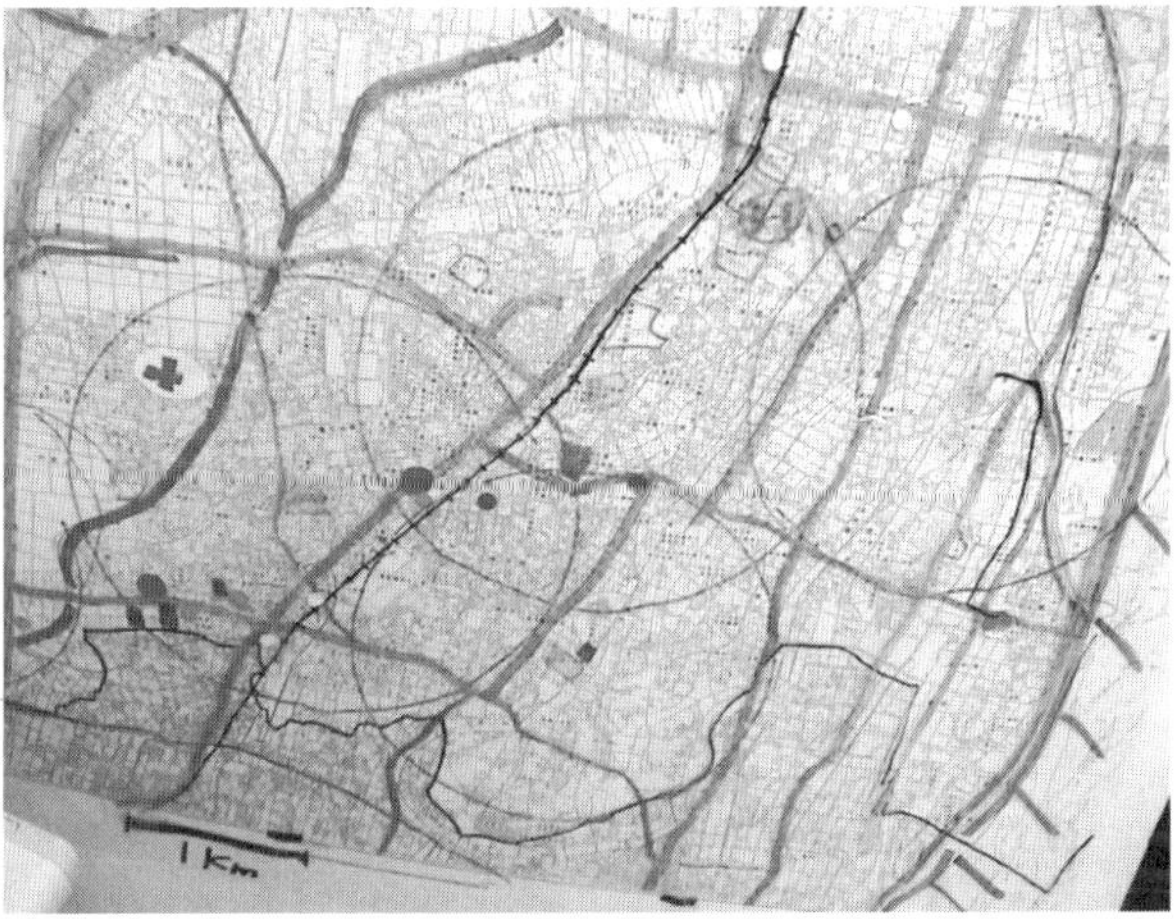

15．図上訓練（図13）

第3次被害想定では、各町の建物の大破数が公表されているので、その数値から自分の住んでいる町の死者数・重傷者数などの被害想定が計算できる。さらに、DIG（Disaster Imagination Game）により、幹線道路、河川、診療所、薬局、公民館、小中学校、避難所、応急救護所、救護病院、安全な搬送路、ヘリポートなど公共施設の位置を確認し、さらに、自分の家との位置関係を確認する。また、この地図を元に、避難所に他数の町民が参集し、その中に、けが人が20名いた場合、どの経路をたどって救護施設に行くかをシミュレーションする。この作業によって、発災時の行動が共通認識されるので、県内すべての自治会がこの図上訓練をすべきである。

2．医療側の問題

(1) 医療対応の不足

平成15年、中央防災会議が22年ぶりに見直した想定震源域と震度分布を根拠に、第3次被害想定が発表された。東海地震は、阪神淡路大震災と比較した場合（表5）、マグニチュードで約10倍、震度7の区域は４・４倍、人的被害は２・２倍、物的被害は１・９倍、津波被害による死者数が２２０人、経済的被害は3倍近い37兆円と想定されている。とくに、震源域が西側に広がったため、静岡県西部地域から愛知県までの被害の拡大が想定されている。

人的被害は、地震予知システムが稼動し予知が成功した場合と不意打ちで東海地震が起きた場合に分けて算定してある（表6）。発生直前に警戒宣言を出して予知に成功した場合、地震の発生時刻がいつであっても、死者は１０００人～２４００人に減らせるとしている。生き埋めも、１／４以下に減らせる（表7）。しかし、予知なしに不意に発災した場合、冬の朝5時で、死者は７９００～１万人、昼の12時で４６００人とされている。

県内救護病院の対応能力には限界があり、重症４６４８人、中等症５万６９７３人とされ、この結果、重傷者１万４５９１人の医療対応が不可能になると想定されている（表8）。仮

[表5] 東海地震の第3次被害想定 ―阪神・淡路大震災の規模を超える―

項　目	阪神・淡路大震災	東海地震被害想定（予知なし）	阪神・淡路大震災との比較
地域の人口	約547万人	約380万人（静岡県内）	0.7倍
マグニチュード	7.3	8程度	約10倍
震度7の区域	約30Km^2	約131Km^2	4.4倍
人的被害〔死者、重・中等・軽傷者〕	約5万人	約11万人	2.2倍
物的被害〔建物被害（大・中）〕	約24万9千棟	約49万棟	1.9倍
津波被害	なし	あり（死者約220人）	―

※ 阪神・淡路大震災における被害の数字は消防庁災害対策本部資料より

[表6] 予知の成功で人的被害を減らせる

被害区分		予知なし			予知あり		
		5時	12時	18時	5時	12時	18時
人的被害	死　者	5,851	3,695	4,016	1,470	828	790
	重傷者	18,654	16,579	16,309	3,122	2,663	2,521
	中等傷者	85,651	74,564	73,072	17,634	14,205	13,412
建物被害	大　破	150,330	155,489	192,450			140,801
	中　破	306,845	305,329	294,846			309,174
	一部損壊	289,365	288,090	279,433			291,890
	床下浸水	7,884	7,865	6,945			7,041

[表7] 下敷き・生き埋めによる要救助者数【県計】(単位：人)

	予知なし			予知あり		
	5時	12時	18時	5時	12時	18時
要救助者数	28,070	21,882	20,573	7,324	5,713	5,367

に１０００人が全国へ広域搬送されても、なお、１万３０００人の重傷者が被災地域内に残ることになり、未曾有の数の傷病者があふれ野戦病院化する。広域搬送の誤解を解き、最重傷例は被災地域内で見なければならないことを再認識しなければならない。この想定を市民に開示し、現状の救護病院（県内１４２）だけでは対応できないことを知らせることが必要である。

(2)　ベッドの確保

北遠・西部地域での想定重傷者数は、３６４０人と想定されている。平成８年４月の旧浜松市内二次病院（８）の空床数は、市内約４０００ベッドのうち18％程度の７３１床であった。この空床を埋め、さらに広域搬送で４００人県外へ搬送されたとすると、３６４０－７３１－４００＝２５０９人の新たなベッドの確保が必要となる。この数は、市内二次病院の定床数の60％である。現状のマンパワーで１６０％のベッド収容に病院は対応できるであろうか？　救護病院は定床数の60％の入院患者が襲来することを自覚すべきである。

[表8] 医療対応はこれだけ不足する。

【県計】

	対応可能患者数	発生患者数	医療対応不足数
重傷者対応	4,648人	4,067人（要転院患者） 19,239人（医療機関での死者数＋重傷者数）	18,658人
中等傷者対応	56,973人	85,651人	28,678人

平成17年9月1日旧浜松市内救護病院伝達訓練を行ったとき、重傷者２３９４人を目安に受け入れ人数を考えてくださいという要請に対して、各救護病院の解答（ＦＡＸ）は、０〜１２４床であり、合計４９４床であった。結局、２３９４−４９４＝１９００人は、入院治療を受け入れられず、病院外に溢れることになってしまう。もし、これが事実となったら、「あの時適切な治療を受けていたら救命できた避けられた外傷死」が相当数発生する可能性がある。

そもそも、県内の病院関係者は、重傷者想定数自体を信じていない節がある。信じても、何もできないというのが本音だろうか。私がこの数字を言っても、暖簾に腕押しなのである。結局、医療資源を確保できないまま、死ぬ人は死に、生き残った人を対象に全力を注ぐことになるのであろうか。

(3)　救護病院間の情報ネットワーク

日本の集団災害医療の歴史は、傷病者の一病院集中を原因とする死者数の増加を繰り返しており、阪神淡路大震災においても、傷病者数と医師数の比が、3・3〜147・6までの幅があった。医師1人に147人の比率でけが人が殺到すれば、必然的に医療救護の能力は落ちる。しかし、1〜2キロメートル先の病院ではその比は3・3で医療側に十分余力が残されていた。なぜこのようなことが繰り返されるのか。それは、一度広域災害が発生すると近隣の病院との連絡がとれなくなるからである。非常時の病院間情報ネットワークの構築が等閑にされているのである。静岡県にある「医療ネットワークしずおか」による救護病院間の情報ネットワークが発災時にも有効に活用されるのか、平素から防災無線、衛星携帯電話などを駆使した緊急伝達訓練を真剣に行うか、各救護病院の自覚にかかっている。応急救護所との情報交換も、傷病者に関する情報伝達と同様重要である。

(4)　応急救護所は機能するか

各市町の医療救護計画には、地域の小中学校に応急救護所が設定され、医師・歯科医師・看護師・薬剤師が救護班を編成して応急救護所を開くことになっている。医療過疎地域では、救護病院から救護班が派遣されることになっている。応急救護所は、大体半径１～２キロメートル内に網羅されており、救護病院より近いはずである。

応急救護所に超急性期の対応は不可能である、まず、救護病院へ行くべきだと主張する根拠は、以下のようである。①救護所は超早期から立ち上がらない。何も無いところから救護所を立てるには時間がかかる。発災後、何時間以内に立ち上げるという目標はあるのか？　②重傷頭部外傷など扱えない。医学的見地からも中等症以上の治療はできない。③応急救護所では医療資器材が不足する。衛生管理が悪い。全科の医師がいない。④本当に開業医が集合して立ち上がるのか？　医療救護者も被災しているのだから、応急救護所に全員駆けつけられない。⑤応急救護所から病院への搬送手段が無い。新浜松市内では救急車は21台しかない（旧浜松市では12台）。応急救護所にけが人を集めるシステムは間違いである。⑥そもそも、市民は応急救護所で治療が可能なことを知らない。大部分の市民は病院へ行く。⑦病院は既存の施設として機能しているので、超早期の救命は病院でしか行えない。阪神淡路大震災では実際に病院で救命できている。時系列的に、ある時間（24時間）が経てば、応急救護所が立ち上がり、救護病院から応急救護所へけが人が回されるようになる。救護病院から応急救護所へ逆搬送するのが原則である。

これに対し、応急救護所と救護病院の分業論を主張する根拠は以下のようである。①超急性期の病院は、病院機能の評価、入院患者への対応だけで秩序が混乱しており、その状態の病院へけが人を連れて行っても、すぐ診療できるか保障できない。②軽症中等症の病院集中化に病院側は早く対応できない。軽症者が救護病院に殺到して、本当に緊急治療が必要な患者を見つけ出すのに大きな障害になる可能性がある。③自立歩行の人は応急救護所へ行くという考えを選択して、救護病院の負担を減らそう、救命に専念させようという考えもあるはずである。もし納得してくれるならば、軽症者は、応急救護所が開設されるまで待機して欲しい。

私は、後者の意見に与する。すべて救護病院が解決してくれると考えるのは幻想である。軽症は応急救護所で、中等症・重症は救護病院で、という分業が成立しなければ、多くの助かるべき命が失われる可能性がある。救護病院は不眠不休、全身全霊で、襲来する傷病者の治療に勤めるだろう。その使命は救命に的を絞らせて欲しい。病院に来なくても応急救護所で治療できるケガは、開業医の先生にお願いしたい。開業医の先生方には、発災後1時間以内に、応急救護所を開設し、備蓄倉庫の医療資器材や医薬品を整備し待機していただきたい。応急救護所の立ち上がりを知らせる情報が救護病院へ入れば、軽症者を応急救護所へ送ることができる。自主防災隊も率先して応急救護所の開設を応援しなければならない。超急性期は、医療救護者・市民・行政の総力戦なのだから。

しかし、応急救護所にも問題がある。マンパワーの主体である開業医の間でも、診療所の医師は診療所でけが人を見てはいけないのか？　耐震化された診療所に他の医師を集めてやってもよいのではないか？　このように、応急救護所に多くの力を結集できるという考えは必ずしも支持されているわけではない。医療救護訓練で応急救護所に登場する開業医はいつも同じ顔ぶれで、その地域を担当している先生方が大勢集まるということは見られない。

(5)　病院ボランティアの育成

災害時における救護病院活動の一助として、病院ボランティアの協力が不可欠である。現状の病院のマンパワーでは、病院内の傷病者の搬送など、たちどころにお手上げ状態になる。平素から病院ボランティアとの緊密な関係を構築することが必要である。

(6)　災害に対する医師の無関心

病院の消防訓練や防災訓練に参加して気がつくことは、医師の参加が他の職種に比較し一番少ないことである。多くの医師が毎日の診療に追われて、非日常的な設定に考えが及ばぬという現状を示している。大切な研究成果が、一瞬の出来事で根底から無に帰す恐ろしさに無関心ではないが、必要な対策を怠りがちになっている。われわれは、医師に対する啓発も続けていかなければならないと思う。たとえ、救護病院に勤務する自覚した医師が一握りであっても、周辺医療圏の自治会に赴き、図上訓練や搬送方法・トリアージ等に関する訓練に日頃から積極的に参画し、自主防災隊の啓発に取り組めば、こうした地道な努力が地域防災に貢献し、最終的に救護病院の負担を軽減する効果に結びつくのではないかと思われる。

(7) 救護病院での災害訓練のあり方

救護病院での訓練における第1次トリアージは、玄関での対応に過ぎず、市民合同の訓練におけるトリアージほど重要ではない。玄関を通過後、赤・黄ゾーンで第2、第3のトリアージを行った結果、どのような治療を行うことを決定し、また、いかにして広域搬送適応の決定を下し、その準備を開始するかなど、資器材の確保を含めて、現実に限りなく近い設定で行うべきではないか。そのためには、多数の模擬患者が必要である。

(8) 災害時要援護者への支援

在宅酸素療法、在宅人工呼吸療法、在宅経腸栄養、人工透析を受けている患者さん、あるいは食物アレルギーなどのアレルギー疾患を持つ子供たちなどは、発災後72時間は後回しにされやすい。発災直後の超急性期における自己防衛策を平素から支援すべきである。

3．結論

・自主防災隊の目標

(1) 静岡県の「第3次東海地震被害想定」から自分の町の被害想定を算出する。
(2) DIG（Disaster Imagination Game）を活用して、自宅から応急救護所および救護病院へのルート等を確認する。
(3) 自主防災隊倉庫を点検し、市民レスキューを可能とする物資を整える。
(4) 傷病者の手当て・搬送技術を学ぶ。あわせて、クラッシュ症候群の病態、応急手当てを知る。
(5) 現場トリアージにより、応急救護所と救護病院の選択をできるようにする。
(6) 傷病者に関する確実な情報を伝達できるようにする。

・医療従事者の目標

(1) 開業医は、地域のコミュニティー・リーダーとして、応急救護所の機能を確立し、平素からその存在を市民に周知徹底する。
(2) 病院勤務医は、勤務する病院の医療圏に住む各自治会に働きかけ、定期的に、上述の自主防災隊の目標を達成する災害訓練や災害医学の啓発を行う。

(3)　災害時の死亡には、発災初期の救護・医療システム次第で防ぐことができるもの、即ち「防ぎ得る災害死」が多く含まれている可能性がある。災害医療関係者は「防ぎ得る災害死」の実態を解明するとともに、これを低減せしめる医療救護システムを探究することを喫緊の課題とする。

(4)　災害時における救護病院活動の一助として、病院ボランティアの協力を仰ぐ。そのためには、平素から病院ボランティアとの緊密な関係を構築する。

(5)　超急性期における災害時要援護者の自己防衛策を平素から支援する。

あとがき

政府の地震調査研究推進本部は、平成19年1月1日から30年以内に東海地震が発生する確率は87%(参考値)とし、中央防災会議は「いつ起きてもおかしくない」と表現している。詳細な解説は、http://www.jishin.go.jp/で公開されている(平成19年4月19日静岡新聞紙上)。一方、「お母さんに逃げようと言ったら、(津波は)来るわけがない、うるさいと怒られた」という悲しい記事も報道されている。これは、平成18年11月15日の千島列島沖地震で岩手県釜石市に出た避難指示に小学生は反応したが、その親たちは「大丈夫」と制止したのである(同新聞平成19年4月13日)。家族全員が備えをし互いに助け合うしか対応策が無いことに気づくべきである。東海地震の事前準備で最も有効な手段は、住んでいる家屋の耐震化と室内の家具の固定である。これによりクラッシュ症候群や緊張性気胸の発生率を下げられる。新潟中越地震や能登半島地震で全壊した家屋を見て誰もが実感することである。東海地震においては、予知が成功すれば歴史的な成果となるわけで、是非そう願わずにはいられない。静岡県が発表したアクションプラン２００６では、死者数の半減を可能とする１１５の施策が掲げられた。しかし、発災直後の超急性期に、医療従事者と市民が的確な連携をとれば、犠牲者の数をさらに減らすことができるのではないだろうか。こうした市民との医療連携を静岡県も積極的に視野に入れて欲しいと願うものである。

最後に、この本の編集に携わっていただいた多くの方々に感謝申し上げる。

平成19年4月22日

青木　克憲

執筆者略歴

岡田眞人（おかだ・まさと） 1973年（昭和48）日本大学医学部卒。80年（昭和50）から聖隷三方原病院勤務。現在は院長補佐・救命救急センター長。阪神淡路大震災の時は救急ヘリコプターで現地入り。浜松救急医学研究会と協力して医療用ヘリコプターの研究実験を行い、それが現在の静岡県西部ドクターヘリ導入につながった。

安田　清（やすだ・きよし） 1970年（昭和45）京都大学医学部卒。94年（平成６）静岡県立総合病院整形外科勤務、2006年（平成18）から同病院副院長。阪神淡路大震災の時は静岡県医療班第1班として西宮市で医療活動を行い、以後災害医療に携わっている。

加藤明彦（かとう・あきひこ） 1985年（昭和60）浜松医科大学卒、92年（平成４）同大学院博士課程終了。浜松医科大学第一内科助手、県立静岡がんセンター腎・内分泌・代謝科部長を経て2006年（平成18）から浜松医科大学血液浄化療法部部長。

前田展雄（まえだ・のぶお） 湖西在住。阪神淡路大震災で実家が全壊し、義姉を亡くす。静岡県災害ボランティアコーディネーター、湖西市災害ボランティア代表として活動中。

内村正幸（うちむら・まさゆき） 1959年（昭和34）長崎大学医学部卒。県西部浜松医療センター院長、浜松医科大学臨床教授（外科）、2001（平成13）から県西部浜松医療センター名誉院長、同年5月に内村クリニック開設。

青木克憲（あおき・かつのり） 1974年（昭和49）慶應義塾大学医学部卒。浜松医科大学救急部助教授、慶應義塾大学医学部救急部助教授、2002年（平成14）から浜松医科大学救急医学教授。

東海地震、生き残るために

静新新書　014

2007年 7 月25日初版発行

著　者／静岡新聞社
発行者／松井　　純
発行所／静岡新聞社
〒422-8033　静岡市駿河区登呂3-1-1
電話　054-284-1666

印刷・製本　図書印刷
・定価はカバーに表示してあります
・落丁本、乱丁本はお取替えいたします

ISBN978-4-7838-0337-9 C1244